그리스 신화에서
사랑을 읽다

그리스 신화에서 사랑을 읽다

한대균 지음

이담 Books

　유럽의 역사와 문화의 발전은 그리스 로마 문화와 기독교라는 거대한 두 축을 바탕으로 성취되어 왔다. 기독교에 앞서 유럽 문명의 기반을 이루고 있는 헬레니즘이라고 불리는 그리스 문명은 그리스 신화의 정신에서 출발한다. 따라서 그리스 신화는 유럽의 철학, 문학, 예술을 포함한 문화 전반에 막대한 영향을 끼친 거대한 담론이다. 이 책은 신들과 영웅들 그리고 인간 사이에서 신화 이야기들이 어떻게 형성되어 왔고 그 결말이 또 어떻게 매듭지어지고 있는지에 대한 이해를 돕게 될 것이다. 그런데 신화의 생성과 진화는 사랑을 매개로 하고 있다는 점에 주목하여, 우리는 신화에 대한 분석을 존재들의 보편적 정서인 사랑에 바탕을 두고자 하였다. 예컨대, 테세우스와 아리아드네, 이아손과 메데이아의 관계는 사랑의 신에 의하여 영웅들과 그들의 여성들에게 사랑의 감정이 이입되지 않는 한 설정될 수 없는 것들이었다. 다시 말하면, 그리스 신화는 천상의 대신인 제우스의 여성편력과 함께 사랑을 주관하는 여신 아프로디테의 지배하에서 벌어지는 찬란하고도 비극적인 사랑의 이야기로 해석될 수 있겠다.

　그리스 신화는 헤시오도스의 『신통기』에서 신들의 탄생과 계보가 상세히 설명되어 있으며, 아폴로도로스의 『도서관』은 우리에게 신화의 주요 사건들을 빠짐없이 말해주고 있다. 그리스 신화가 종결되는 트로이아 전쟁의 주요 과정과 오디세우스의 귀환 과정을 장대한 서사시로 펼쳐내고 있는 호메로스의 『일리아스』와 『오뒷세이아』가 신화의 주요 원전인 것은 새삼 언급할 필요도 없을 것이다. 또한, 우리가 흔히 그리스 3대 비극 작가라고 부르는 아이스킬로스, 소포클레스 그리고 에우리피데스의 비극 작품들 속에서 신화의 놀라운 비극성이 절정에 이르고 있으며, 그 비극성에 대한 후속적인 해석이 끊임

없이 현대에까지 지속되고 있는 것을 보게 된다. 테베의 왕 오이디푸스와 그의 딸 안티고네의 운명적 몰락이라든가 트로이아 전쟁의 그리스 총사령관 아가멤논의 피살과 그의 자식들인 엘렉트라와 오레스테스의 가족적인 비극은 신화의 핵심적인 담론으로 자리 잡고 있다. 이아손 등 그리스 영웅들이 이끄는 아르고 호의 원정대 이야기를 상세하게 다루고 있는 아폴로니오스의 작품이 이 책의 주요 참고도서가 되고 있으며, 유럽에서 중세시대 이후 신화의 고전이 된 로마 시대의 작가 오비디우스의 『변신 이야기』는 신과 인간들의 기묘한 몸 바꾸기를 통하여 창출되는 신화 이야기의 환상적 특성을 담아내고 있는 바, 이후 오비디우스의 작품은 수많은 화가들에게 신화의 아주 흥미로운 소재를 제공하게 된다.

이 책에서 독자들은 그리스 신화와 로마신화의 중첩적인 성격에 대한 인식, 신화의 천지창조와 성경의 천지창조에 대한 비교적인 시각을 갖추게 될 것이고, 제우스가 세계를 지배하는 것이 어떤 의미를 지니고 있는지 혹은 제우스로부터 불을 훔쳐 천상의 대신과 대립하면서 인간에게 결국 문명을 갖다 준 프로메테우스는 과연 옳은 선택을 한 것인가에 대한 성찰을 하게 될 것이다. 또한 아폴론 신탁을 거부하려는 인간들의 어리석음으로부터 발생되는 비극은 현대를 사는 우리들에게 어떤 시사점을 던져주고 있는가를 살펴보는 것도 이 책을 읽는 또 하나의 보람이 될 것이다.

그러나 무엇보다도 사랑과 관련되어 여성이 신화에서 어떻게 묘사되고 있는가에 대한 냉철한 판단을 하는 것이 우리에게 필요하다. 여성들의 모습이 대체적으로 부정적인 것이 신화의 또 하나의 특성이다. 판도라라는 여자로 인하여 인류 불행이 왔다는 이야기에서부터 문란한 성생활이나 폭력적인 행동의 인물들로 규정되고 있는 주신 디오니소스의 여자 광신도들이 그것이다. 또한 아버지를 배신하고 자식까지 제 손으로 죽이는 메데이아는 가장 악독한 여자이며, 전쟁에서 돌아온 남편 아가멤논을 정부를 시켜 살해하는 클리타임네스트라가 사랑에 눈 먼 독부로만 인식되고 있다. 안티고네는 단지 오빠 한 사람 때문에 국가 권력에 무모하게 저항한 희생자 혹은 가족 비극의 중심인물이라는 것, 엘렉트라는 아버지의 죽음을 복수하기 위하여 동생으로 하여금 어머니를 살해하게 만든 여자로 되어 있다. 그리고 필멸의 여성들은 물론이거니와 여신들이나 요정들도 아테네 혹은 아르테미스 등 몇몇 여신들을 제외하고는 대체적으로 남성들의 사랑을 차지하려는 맹목적인 성격의 소유자이다. 말하자면, 아프로디테는 음탕한 '자유부인'에 불과한 존재인가 하는 의문을 갖게 만드는 것이다. 우리는 이 책을 통하여 신화가 던지는 이와 같은 의문들을 독자들이 스스로 해결해 나갈 수 있도록 가능한 원전의 내용을 충실히 따르고 있으며, 인물들의 대화를 직접 인용함으로써 신화의 이해를 돕도록 하였다. 참조한 번역서 및 해설서는 다음과 같다.

1. 호메로스, 『일리아스』, 천병희 역, 단국대학교 출판부, 2006(1996).

2. 호메로스, 『오뒷세이아』, 천병희 역, 단국대학교 출판부, 2006(1996).

3. 헤시오도스, 『신통기』, 천병희 역, 한길사, 2004.

4. 아이스퀼로스, 『아이스퀼로스의 비극』, 천병희 역, 단국대학교 출판부, 2005(1999).

5. 소포클레스, 『소포클레스의 비극』, 천병희 역, 단국대학교 출판부, 2005(1998).

6. 에우리피데스, 『에우리피데스의 비극』, 천병희 역, 단국대학교 출판부, 2005(1999).

7. 아폴로니오스, 『아르고 호의 모험』, 김원익 역, 바다출판사, 2005.

8. 아폴로도로스, 『원전으로 읽는 그리스 신화』, 천병희 역, 숲, 2004.

9. 오비디우스, 『변신이야기』, 1권 및 2권, 이윤기 역, 민음사, 2006(1998).

10. 토마스 벌핀치, 『그리스 로마 신화』, 이윤기 편역, 창해, 2004(2000)

11. 이윤기, 『이윤기의 그리스 로마 신화』, 웅진닷컴, 1권, 2000; 2권, 2005(2002);

  3권, 2006(2004).

12. 윤일권·김원익, 『그리스 로마 신화와 서양문화』, 문예출판사, 2004.

13. 플루타르코스, 『플루타르크 영웅전』, 김병철 옮김, 범우사, 2004(1994).

이 책은 <신화와 사랑의 이해>라는 교양과목을 5년간 강의하면서 이루어진 결과물이다. 강의록이 책으로 나오는 과정에서 여러 부분이 보완 혹은 삭제되었지만, 신과 영웅들의 사랑이라는 관점에서 해석한 신화의 재편성이 아무쪼록 독자들에게 흥미롭게 받아들여지기를 기대한다. 마지막으로 이 책의 출판을 기꺼이 받아준 한국학술정보(주), 여러 그림과 함께 책 편집에 많은 노력을 아끼지 않은 이주은, 홍우표, 이종현 씨에게 감사의 말씀을 드린다.

2011년 4월

한대균

▌목차

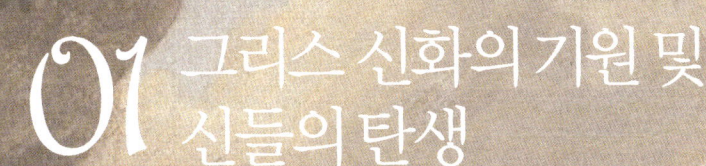

01 그리스 신화의 기원 및 신들의 탄생

〈꽃의 여신 플로라의 제국〉(부분), 니콜라 푸생, 1631년
캔버스에 유채, 131x182cm
드레스덴 국립미술관 소장

그리스 신화를 담고 있는 작품들

구전되어 오던 그리스 신화가 처음 문자로 기록된 것은 기원전 8세기경이다. 호메로스Homeros의 『일리아스Ilias』와 『오디세이아Odysseia』가 그것이다. 영웅시대의 절정을 이루는 트로이아 전쟁을 배경으로 신과 영웅들의 이야기를 문학적 상상력을 바탕으로 풀어내고 있다. 19세기 말에 독일의 고고학자에 의하여 실제로 트로이아의 유적이 발견됨으로써 신화와 역사 간의 경계에 관한 본질적인 질문이 제기되기도 했다. 과연 신화는 완전한 허구인가 하는 의문이 생겼다는 말이다. 신화 이후 역사가 시작된다면, 이것들은 서로 구분되어야 하는데, 트로이아의 경우를 보면, 그 역사의 현장이 실제로 존재하기 때문에, 신화의 허구성에 대하여 다시 생각하는 계기가 된 것이다. 트로이아 전쟁은 실존했고, 이 전쟁 과정에서 영웅들의 활약상을 보다 극적으로 만들기 위하여 신의 존재가 이 전쟁 이야기에 개입된 것이 아닌가 생각해 볼 수 있을 것이다.

신화는 신화로 머무는 것이 아니라, 인간의 삶과 사회 그리고 국가의 역사에 대한 기반이 되는 상상력의 소산일 것이다. 신화라는 의미의 미토스mythos는 논리적 사고인 로고스logos와는 상반되는 것이다. 그래서 플라톤은 로고스를 중시하면서 신화와 역사 혹은 신화와 철학적 사고를 구분하고자 하였던 것이다. 그리스 철학자들에 의해 제기된 신화에 관한 여러 논쟁적 관점에도 불구하고, 호메로스의 작품은 수천 년의 시간을 가로질러 지금도 그리스 신화의 최대 걸작으로 변함없이 존재하고 있다. 그 다음으로는 헤

<아프로디테의 탄생>, 산드로 보티첼리, 1485년경,
캔버스에 템페라, 172.5x278.5cm
피렌체 우피치 미술관 소장

시오도스Hesiodos의 『신통기Theogonia』와 『노동과 나날』이 있다. 호메로스의 작품이 트로이아 전쟁을 바탕으로 한 시적이면서 장대한 서술구조를 지니고 있는 반면, 헤시오도스의 서사시는 우주의 기원과 신들의 전쟁, 인간의 출현 및 신들과의 갈등에 관한 이야기를 체계적으로 정리하고 있다. 특히 『신통기』는 인간에게 불을 훔쳐다 준 프로메테우스와 인류 최초의 여인인 판도라의 신화에 관한 가장 오래된 문헌이기도 하다. 『노동과 나날』은 황금시대에 관한 가장 오래된 문헌일 뿐 아니라, 그가 자신의 경험에서 얻은 여러 가지 도덕적 실천적 교훈을 담고 있는 교훈시로서 헬레니즘 시대와 로마 시대를 넘어서서 서양 교훈 문학의 효시가 된 작품이다. 트로이아 전쟁과 함께 그리스 신화에 나오는 영웅들의 이야기들 중에서 가장 중요한 것들 중 하나로 간주되는 영웅 이아손과 아르고 호 원정대의 모험 신화는 기원 전 3세기경 작가 아폴로니오스Apollonios의 『아르고 나우티카Argonautika』(우리말로는 『아르고 호의 모험』으로 번역되어 있다)에 상세히 기술되어 있다. 이 책은 헬레니즘 초기인 기원전 250년경에 쓰인 것으로 알려져 있는데, 아르고 호의 출발 과정, 항해 중에 일어나는 여러 가지 에피소드들, 영웅 이아손이 황금양피를 찾을 때 벌어지는 극적인 사건들, 그리고 아르고 호의 귀로에 일어나는 온갖 모험 등이 아주 상세히 기록되어 있는 명작이다. 또 하나의 중요한 신화 원전으로 기원 전 2세기 아폴로도로스Apollodoros의 『도서관Bibliotheke』이 있다. 이 책의 제목은 본래 『아테나이 출신 문법학자 아폴로도로스의 도서관』으로 되는데, 흔히 '도서관' 즉 'Bibliotheke'라고 부른다. 도서관이라는 의미는 여러 책들에서 수집한 자료를 정리한 안내서 혹은 소백과사전이라는 의미이며, 이러한 명칭에 어울리게 이 책은 신화의 주요 원전들을 섭렵하고 있으며, 또한 신화의 주요 사건들을 빠짐없이 다루고 있다. 헤시오도스, 호메로스 그리고 비극 작가들의 작품이 주요 출전이며, 그 내용을 아주 상세하게 제시하고 있다.

이런 서사시들이 신들과 영웅들의 그야말로 영웅적인 행적을 보여주고 있다면, 신과 인간들의 문제와 인간 운명의 비극적 성격은 기원전 5세기에 전성기를 맞은 그리스 비극을 통하여 문학적으로 승화되고 있다. 아이스킬로스Aischylos, 소포클레스Sophocles 그리고 에우리피데스Euripides를 우리는 그리스 3대 비극 작가라고 일컫는다. 이들의 작품은 제우스로부터 불을 훔쳐 인간에게 갖다 준 프로메테우스의 고통과 인간 사랑의 의지, 테베의 왕 오이디푸스 운명의 극단적 비극성, 안티고네의 가족의 죽음 앞에 선 인간의 행동, 조국이냐 사랑이냐를 선택해야 하는 여인 메데이아의 정신적 갈등과 그녀의 비극적 삶 등을 아주 극명하게 보여주고 있다. 아이스킬로스의 대표적인 작품으로 『결박당한 프로메테우스』, 『테베를 공격하는 일곱 사람』이 있으며, 그의 가장 위대한 작품이며 현존하는 유일한 비극 3부작인 『오레스테이아Oresteia』가 유명하다. 『아가멤논』, 『제주(祭酒)를 바치는 여인들』, 『자비로운 여신들』로 이루어진 이 3부작은 트로이아 전쟁에서 승전한 그리스 총사령관 아가멤논의 피살과 그 가족들의 비극을 담고 있다. 이 작품은 전쟁에서 승리하여 돌아온 아가멤논이 불륜에 빠진 부인에 의하여 피살당하는 장면과 아들 오레스테스가 아버지를 죽인 어머니와 어머니의 정부를 살해하는 내용 등을 담고 있으며, 호메로스의 『일리아스』 이후의 신화를 인간 비극성에 초점을 맞추어 극명하게 보여주고 있는 걸작이다. 소포클레스의 작품으로는 일곱 편이 현존한다. 그중에서 테베 왕가에 관련된 신화를 우리에게 전해 주고 있는 『오이디푸스 왕』, 『안티고네』는 테베의 왕 오이디푸스와 그의 딸, 안티고네의 비극적 운명을 말해 주고 있는 소포클레스의 대표작이다. 또한 『엘렉트라』에서는 아가멤논의 자녀들인 오레스테스와 엘렉트라가 어머니와 어머니 정부에 대하여 복수하는 장면이 매우 리얼하게 그려져 있다. 에우리피데스의 작품으로는 『메데이아』, 『엘렉트라』, 『히폴리토스』, 『헬레네』, 『트로이아의 여인들』

등 다수가 있다. 그리스 영웅 이아손의 부인으로서 동생과 친자식들을 살해할 수밖에 없는 운명의 덫에 빠진 여인 메데이아를 그린 작품 『메데이아』에 대하여 아주 상세히 공부하게 될 것이다.

로마시대로 넘어오면, 그리스 신화가 로마 신화로 채색되고 신들의 이름이 로마식으로 바뀐다. 이런 작업은 오비디우스Ovidius와 베르길리우스Vergilius에 의하여 주도된다. 사실 우리가 흔히 그리스·로마 신화라고 부르지만, 로마 신화는 진정한 의미에서 존재하지 않는다. 극히 일부를 제외하고는 거의 그리스 신화의 각색이기 때문이다. 로마는 국가적 필요에 따라 그리스 신화를 자신들에 맞게 만들어 나간 것이다. 오비디우스의 『변신이야기』는 걸작으로 평가되며 르네상스 이후 유럽의 작가 및 예술가들의 필독서로서 그들에게 창작의 영감을 가져다준 작품이다. 오비디우스의 이야기는 이렇게 문학적 풍요로움과 다채로움이 있는 반면 상당 부분 창작으로 추정되기 때문에 우리가 신화의 원전으로 말하기는 힘들다. 결국 신들의 계보나 그 관련 이야기의 정통성은 헤시오도스나 아폴로도로스 같은 그리스 서사시인의 작품에서 찾아야 할 것이다. 베르길리우스의 『아이네이스』는 호메로스의 작품들을 이어 받아 트로이아 전쟁 유민인 아이네이아스를 이탈리아 라틴 평원으로 이주시키면서, 아이네이아스를 그리스 미의 여신 아프로디테와 인간 안키세스 사이에 태어난 아들이라고 주장한다. 즉 로마인의 조상을 그리스 신화의 으뜸 신 족보에 넣으려는 로마인의 시각으로 신화를 그려낸 작품이다.

카오스와 티탄 신족들

기독교에서 말하는 천지 창조와는 좀 다른 각도에서 신화의 천지창조가 존재한다. 하느님은 삼라만상을 창조했지만, 신화의 신들은 그렇게 모든 생명체와 물질들을 창조하지는 않았다. 왜냐하면, 신화에서는 유일신이 아니라, 우주를 구성하는 주요 요소들, 즉 하늘, 땅, 바다와 같은 존재나 물질들을 나타내는 신들이 존재하여 그들로부터 보다 구체적인 세상과 인간이 창조되고 형성되었기 때문이다. 말하자면 신들의 공동 작업으로 천지는 창조되었으며, 어느 경우는 스스로 창조되어 신의 호칭을 갖게 되는 경우도 있었다. 그렇다면, 그 신들이 나타나기 전의 세상은 어떤 모습이었을까? 그리스 신화에서는 그것을 혼돈 혹은 무질서로 해석되는 카오스라는 말로 규정한다. 원래 세상은 형상도 질서도 없는 하나의 덩어리에 불과했다. 생명이 없는 퇴적물로 이루어져 있으며, 사물로 굳어지지 못한 모든 요소가 구획도 없이 서로 뒤섞여 존재하는 상태일 뿐이었다. 대지와 바다와 공기를 이루는 요소가 있지만, 제 모습을 갖추고 있는 것은 하나도 없었다. 카오스가 이런 혼돈의 의미로 쓰인 것은 로마 작가 오비디우스 이후이고 그리스 최초 신화작가인 헤시오도스는 "맨 처음 생긴 것이 카오스"라고 말하면서, 뒤에 생겨날 우주가 들어갈 공간으로 규정했다. 우리는 카오스에 대한 견해는 오비디우스를 따르고 있지만 그 후 신들의 생성 과정은 모두 헤시오도스의 작품을 통하여 알게 된다.

서로 혼재되어 그 무엇도 뚜렷이 형성되는 것이 없는 상태에서 이 요소들보다 훨씬 빼어난 '자연'이라는 신이 있었다. 신화에서는 자연을 최초의 신으로 규정하는 것이다. 이 자연이라는 신은 하늘로부터는 땅을, 땅으로부터는 물을, 대기로부터는 또 맑은 하늘을 떼어놓았다. 즉 서로 뒤섞여 있던 물질들이 어느 힘에 의하여 떨어져 나가는 것이다. 헤시오도스에 따라 조금 구체적으로 이야기하면, 카오스에서 암흑의 신 에레보스와 어두운 밤의 여신 닉스 남매가 태어났고, 이들이 결합하여 대기의 신 아이테르와 낮의 여신 헤메라 남매가 생겨난 것이다. 대지의 여신 가이아Gaia는 하늘의 신 우라노스Ouranos와 결합하여 12남매를 두게 된다. 바야흐로 신들의 시대가 시작된 것이다. 우라노스와 가이아의 12남매를 우리는 티탄 신족, 즉 거신 족이라 부르며 나중에 등장하는 제우스를 중심으로 한 올림포스 신들과 구분한다. 여기서 티탄 신족들의 가족관계를 살펴보도록 하자. 여섯 아들을 중심으로 그 족보를 따져볼 텐데, 우리는 이 여섯 아들과 그들의 주요 자손들이 누구인지 잘 알아둘 필요가 있다. 왜냐하면, 앞으로 신화 이야기에서 이 족보는 늘 나오게 되기 때문이다.

첫째 아들, 오케아노스Okeanos는 대양, 큰 바다의 신인데, 누이 테티스Thethys와 짝을 이루어 3,000개의 강의 신들과 3,000명의 강의 요정들이 생긴다. 그중 헤시오두스의『신통기』에는 25개의 강 이름과 41개의 요정들의 이름이 일일이 나열되어 있다. 이 요정들 중에서 메티스Metis와 스틱스Styx가 신화 속에서 중요한 역할을 한다.

둘째 아들, 코이오스Koios는 누이 포이베Phoibe와 짝을 지어 아스테리아Asteria와 레토Leto 두 딸을 얻는다. 레토는 나중에 제우스와 짝을 지어 아폴론과 아르테미스 쌍둥이를 낳는다. 레토의 쌍둥이 자식 아폴론과 아르테미스는 지속적으로 신화에 등장하는 이름이다.

셋째 아들, 크레이오스Kreios는 여신 에우리비아Eurybia와 혼인하여 별들의 신 아스트라이오스와 지혜의 신 팔라스를 낳는다. 팔라스라는 말은 '지혜'라는 뜻이다. 뒷날 팔라스는 제우스의 딸인 아테네에게 죽임을 당한다. 이로써 아테네는 지혜의 여신 지위를 물려받고, 종종 '팔라스 아테네' 혹은 '팔라스'라고 불린다.

넷째 아들에는 히페리온Hyperion이 있다. 그는 누이 테이아Theia와 짝을 지어 태양신 헬리오스Helios, 달의 여신 셀레네Selene 그리고 새벽의 여신 에오스Eos 3남매를 얻는다. 이 세 남매들 중에서 헬리오스와 에오스에 대하여 좀 더 알아보자. 태양신의 자리에 오르는 헬리오스는 아내 페르세이스(오케아노스와 테티스의 딸)에서 키르케Kirke, 아이에테스Aietes 그리고 파시파에Pasiphae를 낳는다. 키르케와 아이에테스는 아르고 원정대 이야기에서 나오고, 파시파에는 크레테의 왕비로 황소와의 간음을 통해서 괴물 미노타우로스를 낳는 여인이다. 에오스는 장밋빛 손가락으로 헬리오스의 태양마차를 위하여 하늘의 문을 열어주는 새벽의 여신이다. 그녀는 아스트라이오스와 결합하여 서풍의 신 제피로스Zephyros, 북풍의 신 보레아스Boreas와 남풍의 신 노토스Notos의 어머니가 된다. 그런데, 에오스는 제우스의 아들인 전쟁의 신 아레스Ares와 동침하다가 그를 사랑하는 아프로디테의 미움을 사서 음란증에 걸리게 된다.

다섯째 아들인 이아페토스Iapetos는 이치의 여신 테미스Themis와 짝을 지어 세 아들을 낳게 되는데, 프로메테우스Prometheus, 에피메테우스Epimetheus, 아틀라스Atlas가 바로 그들이다. 프로메테우스의 어머니가 테미스라는 것은 아이스킬로스의 비극 『결박당한 프로메테우스』에 나온다.

막내인 여섯째아들은 크로노스Kronos라고 불린다. 그는 누이인 레아Rhea를 아내로 맞이한다. 올림포스의 12신들은 모두 이 크로노스의 자손들이다. 제우스Zeus, 헤라Hera, 포세이돈Poseidon, 하데스Hades, 데메테르Demeter, 헤스티아Hestia 등 여섯 신들은 크로노스의 자식들이고, 제우스의 자식들인 헤파이스토스Hephaistos, 헤르메스Hermes(아틀라스의 딸 마이아와 제우스 사이의 아들), 아폴론Apollon(레토와 제우스의 아들), 아르테미스Artemis(레토와 제우스의 딸), 아테네Athene(제우스의 머리에서 완전 무장한 채 태어난 지혜와 전쟁의 여신) 그리고 아레스Ares(정식부인인 헤라와의 사이에 낳은 아들) 등 나머지 여섯 신이다. 올림포스의 12신들을 따질 때, 가정과 부엌의 여신인 헤스티아가 빠질 때는 미의 여신 아프로디테Aphrodite 혹은 포도주의 신 디오니소스Dionysos가 12신에 들어간다. 살림을 맡는 헤스티아가 빠질 때, 사랑과 술, 즉 주색이 개입된다는 의미가 아닐까 생각해 본다. 우리가 주색에 탐닉하면 가정을 제대로 돌볼 수 없다는 신화의 가르침이 아닌가도 한번 짚어본다. 미의 여신 아프로디테와 포도주의 신 디오니소스의 신화가 사랑에 깊이 관련되어 있는 것은 주지의 사실이다. 음탕한 사랑과 광기 어린 포도주 축제는 신화에서 아주 유명하고 신화 속 여러 사건에 깊이 연루되어 있는 것이다. 그리스 신화의 신들은 기독교나 불교의 유일신과는 완전히 다른 인간의 모든 선과 악의 감정을 갖고 있는 지극히 인간적인 신들이다.

우리노스는 위의 12 사식들만 낳은 것이 아니다. 외눈박이 키클롭스Kyklops 3형제, 손이 백 개이며 머리가 오십 개인 괴물 헤카톤케이레스Hekatoncheires 3형제도 모두 우라노스와 가이아의 자식들이다. 이들은 끔찍한 형상에다가 또 망나니라서 자기들끼리 싸우기도 하고 형과 누이들인 거신 12남매들에게 행패도 부렸다. 이에 골치를 썩던 아버지 우라노스는 이 자식들을 땅속 아주 깊고 컴컴한 무한 지옥인 타르타로스Tartaros에 가두어 버렸다. 대지의 깊은 곳이란 어디인가? 바로 대지의 여신인 어머니 가이아의 배 속이다. 이들이 이 무한지옥 안에서 난리를 피우는 데 견딜 수 없던 가이아는 이런 생각을 하게 되었다.

"이런 괴물들은 내가 바라지 않던 자식들이다. 남편 우라노스를 놔두면 또 나에게 덤벼서 이런 자식의 씨를 뿌릴 테니, 아예 그런 생명의 씨를 내 몸에 뿌리기 전에 그 근본을 잘라 버리자."

이렇게 결심한 후, 땅속에서 무쇠 덩어리 하나를 꺼내 낫 한 자루를 만들었다. 그리고는 거신 12 자식들을 모아놓고 말했다

"너희들 아버지는 바라지도 않던 자식을 낳게 했고, 이들을 내 배 속 깊은 곳에 가두어 놓고 나를 괴롭히고 있다. 하늘의 신이니 아버지를 죽일 수는 없고 그 어떤 조치를 취해야겠는데, 누가 이 낫을 들어 이 어미의 뜻을 이룰 수 있겠느냐?"

다들 무서워 몸을 사리고 있을 때, 막내아들인 크로노스가 나서 제 손으로 부끄러운 아버지를 처단하겠다고 용기 있게 말했다.

"어머니, 이 일은 내가 맡아 완수하겠습니다. 나는 말로 형언할 수 없는 우리 아버지가 두렵지 않습니다. 그가 먼저 못된 짓을 했으니까요"

크로노스의 말을 듣고 가이아는 기뻐하며 그에게 낫을 쥐어주며 자신의 계략을 알려주었다. 이들은 낮의 신 헤메라가 떠나고, 밤의 신 닉스가 오기를 기다렸다. 이윽고 밤이 되자 우라노스가 거대한 몸짓으로 나타나 욕정에 사로잡혀 대지의 여신 가이아의 몸을 감싸며 덮쳐왔다. 사랑의 행위를 하려 우라노스의 성기가 가장 팽팽하게 부풀었을 때,

크로노스는 은신처에서 나와 아버지의 성기를 잡고 날카로운 낫을 들어 잘라버렸다. 놀란 우라노스는 몸을 일으켜 크로노스에게 저주의 말을 던지면서 저 높은 곳으로 달아났다. 우라노스의 성기에서 흘러나온 핏방울들이 땅에 떨어져 가이아의 여신 몸속으로 스며들어 태어난 신들이 복수의 여신 에리니에스Erinyes 세 자매와 거인 족 기간테스Gigantes인 것이다. 에리니에스 세 자매는 특히 가족 간의 살해가 일어났을 때 지하에 있다가 갑자기 소리를 지르며 뱀을 들고 나타나 그 살인자를 응징하는 무서운 복수의 여신들이다. 그리스 신화에서 가족 살해는 자주 일어나는 테마이다. 그들은 흔히 손에는 횃불과 회초리를 들고 있고 머리털은 뱀들로 이루어져 있는 날개 달린 모습으로 그려지곤 한다. 그들은 지하의 가장 깊숙한 곳에 머물고 있다가 피해자가 부르면 나타나 응징하는데, 이런 복수의 여신 에리니에스가 우라노스의 피에서 태어난 것은 아들 크로노스에 의한 가족 간의 피 싸움을 응징하기 위한 것이다.

바다에 떨어진 우라노스의 성기와 핏방울들은 바다 거품과 어우러져 애욕의 여신 아프로디테Aphrodite를 생산한다. 아프로디테는 '거품Aphros에서 태어난 자'라는 뜻을 갖고 있다. 우리가 흔히 미의 여신 비너스라는 이름으로 잘 알고 있는 여신인데, 비너스라는 이름은 로마 신화에 와서 붙여진 이름이고 로마식으로 읽으면 베누스Venus가 될 것이다. 비너스는 영어식 발음일 뿐이다. 아프로디테가 신화에서 차지하는 비중은 막중하다. 아름다운 아프로디테를 놓고 올림포스의 으뜸신들 끼리 서로 다투기도 했고, 아프로디테 자신은 나중에 아주 중요한 사건에 필히 개입하여 신들 혹은 영웅들 간에 거부할 수 없는 사랑의 감정을 일으켜 주요 사건의 발단을 제공하거나, 영웅들의 위대한 과업을 해결해 주기도 한다.

한편, 아들에 의하여 성기가 잘려나간 하늘의 신 우라노스는 더 이상 대지에 가까이오는 일이 없어졌는데, 이렇게 하여 하늘과 땅의 완전한 분리가 이루어진 것이다. 우라노스가 쫓겨난 이후 크로노스가 세상을 지배하는 신이 되고, 크로노스의 세상과 함께 인간들에게 황금시대가 시작되었다. 이 시대의 인간들은 정의로웠고 모든 것은 넉넉하였다. 그들은 어떤 고통이나 궁핍함, 또는 비참함을 느끼지 않고 신들과 같은 삶을 영위했다. 그러나 이 시대는 제우스에 의하여 종말을 맞이하게 된다. 제우스가 아버지 크로노스를 무한지옥에 가두기 때문이다.

02 제우스와 올림포스 신들

제우스의 반란

제우스의 아버지 크로노스는 자신의 아버지 우라노스를 거세하고 하늘의 최고 신으로 군림했다. 자식에 의하여 쫓겨난 우라노스가 크로노스를 저주한 것은 당연한 일이었다. 크로노스는 아버지를 거세한 후 타르타로스에 갇혀 있던 괴물 형제들을 해방시켜주기로 어머니 가이아와 약속을 했었는데, 그는 이 약속을 지키지 않았다. 그러자, 가이아 여신은 이렇게 아들 크로노스를 저주한다.

"아비를 쫓아낸 자식 그 아비와 같은 꼴이 되리라!"

즉, 아버지의 성기를 자르고 쫓아낸 크로노스 자신도 자기 아들에 의하여 쫓겨날 것이라는 말이다. 가이아의 이런 예언이 실행되지 않을 가장 확실한 방법은 무엇일까? 자식이 없으면 될 것이다. 따라서 자식을 낳는 족족 없애는 일이라고 생각한 크로노스는 부인 레아로부터 태어나는 자신의 아이들을 잡아먹는다. 레아가 하데스, 포세이돈, 헤스티아, 데메테르, 헤라 이렇게 다섯 남매를 차례로 낳았지만, 크로노스는 자식들에게 나중에 당할지도 모르기에 그들을 낳는 대로 모두 삼켜 버렸다. 이제 레아는 여섯 번째 아이, 제우스를 잉태했다. 레아는 걱정이 태산 같았다. 이 여섯 번째 아이도 태어나면 또 남편 크로노스가 먹어버릴 것이 분명하기 때문이었다. 이때 자신의 어머니인 가이아 여신에게 상의하자, 가이아 여신은 아기만 한 바윗덩어리를 레아에게 갖다 주면서, 아이가 태어나면 이 바윗덩어리를 아이라고 속이고 크로노스에게 먹게 하라, 그러면 아이는 내가 밤에 빼돌려 다른 곳에서 크로노스 몰래 키우겠다, 이렇게 말했다. 여기에 가이아가 개입하는 것은 크로노스에 대한 가이아의 보복이고, 자신이 말한 예언을 그대로 이루어지도록 하기 위함이다. 신화에서 신들의 예언은 그 신의 개입에 의하여 필히 이루어진다. 신들이나 영웅들이나 인간들이나 할 것 없이 모든 존재들은 으뜸 신들의 예언에서 벗어날 수 없는 것으로 되어 있다. 그런데, 가이아에 의하여 빼돌려진 아기 제우스는 어떻게 되었을까? 아기 제우스는 크레테 섬의 숲이 무성하게 우거진 아이가이온 산기슭 동굴에서 산양이란 뜻의 이름을 지닌 요정 아말테이아에게 맡겨져 키워졌다. 결국 제우스는 산양의 젖을 먹고 자랐다는 의미이다. 그런데 제우스의 울음소리는 하도 커서 멀리 있어도 귀가 밝은 크로노스가 들을까 봐, 아말테이아는 산신들로 하여금 동굴입구에서 방패를 두들겨 제우스의 울음소리가 퍼져 나가는 것을 방해하기도 했다. 이렇게 자라난 제우스가 청년이 되자, 자신이 누구인지 그리고 왜 동굴에서 비밀리에 자라나게 되었는지 그 내력을 알게 되었다. 제우스는 아버지 크로노스가 삼킨 다섯 남매를 되살려낼 방도를 궁리하다가 이치의 여신인 테미스를 찾아간다. 테미스는 우라노스의 열두 남매에 속하는 여신이므로, 결국 크로노스와는 남매지간인 셈이다. 테미스는 어떤 사물이나 사태를 접할 때 그것이 이치에 합당한가를 따지고 재판하는 일을 맡은 중요한 여신인데, 여기서 크로노스를 제거할 방안을 제우스에게 알려주는 것은 아버지 우라노스에 대한 복수일 것이다. 또한 세상을 지배하는 권력을 크로노스에서 제우스로 이동시키는 데 필요한 역할일 것이다.

제우스 이전의 신들을 티탄 신족이라고 하는 것은 이미 우리가 알고 있는데, 티탄은

〈에로스, 아프로디테에 의하여 지배되는 크로노스〉, 시몽 부에, 1645~1646년,
캔버스에 유채, 187x142cm
부르쥬 베리 미술관 소장

거인이라는 뜻이지만, 우라노스가 거세되어 쫓겨나면서 크로노스를 티탄이라고 부른데서 기인한다. 원래 티탄은 깡패라는 뜻도 지니고 있다. 따라서 거인 깡패 족들의 세상, 인간과는 완전히 다른 신들의 세상에서 이제는 인간적인 모든 감정을 지니고 때로는 무섭게 때로는 인자하게 세상을 통치하는 새로운 신의 시대를 열어야 한다는 그리스인들의 역사의식과 맞물려 있다고 볼 수 있다. 이런 시대의 전환은 제우스의 티탄 신족과의 전쟁에서 그 절정을 이루게 된다. 아무튼 이치의 여신 테미스의 가르침에 따라, 청년 제우스는 아버지 크로노스의 시중꾼으로 들어간다. 물론 어머니 레아의 도움으로 가능했던 일인데, 레아는 가이아의 귀띔으로, 이 청년이 아들 제우스라는 것을 알고 있었다. 이렇게 하여 제우스는 아버지 크로노스에게 신들이 먹는 음식인 암브로시아Ambrosia와 신들이 마시는 술인 넥타르nectar를 바치는 일을 맡게 되었다. 제우스는 크로노스가 삼켜버린 다섯 남매를 토해내도록 할 작정으로, 크로노스에게 음식과 술을 올릴 때마다 토하는 약을 집어넣었다. 거대하고 강한 신이므로 처음에는 끄떡도 없었지만, 지속적으로 이 약을 먹게 되자, 예전에 삼켰던 자식들을 하나씩 토해냈다. 하데스, 포세이돈, 헤스티아, 데메테르, 헤라 등이 차례로 튀어 나왔고, 맨 나중에 삼켰던 바윗덩어리도 토해 냈다. 이렇게 모든 것을 토해내고서야 크로노스는 정신이 들어 아들 제우스를 알아보고 결국 제우스에게 모든 것을 맡긴 후 대지의 깊은 곳 타르타로스에 갇히고 만다. 크로노스란 '시간'이란 뜻이다. 자식을 잡아먹는다는 것은 시간에 따른 생명체의 소멸을 의미하는데, 그의 자식들은 다시 살아났으므로 시간에 의한 소멸 상태를 극복하여 영생하는 신의 경지에 이르렀다는 것을 의미한다. 원래 제우스는 맨 나중에 잉태된 자식이지만, 이렇게 먼저 태어난 다섯 남매가 아버지 배 속에 있다가 다시 갓난아기로 세상에 나왔기 때문에, 결국 제우스는 가장 큰 자식인 셈이 되었다. 일단 제우스의 반란은 성공하였다. 제우스는 아버지 크로노스를 타르타로스에 가두어 놓고 올림포스 산꼭대기에 천궁을 지었다. 여기서 제우스의 형제들이 세력을 키워나갔다. 제우스는 우주를 세 공간으로 나누어 자신이 제일 꼭대기에 앉아 천상의 신이 되고, 중간에 땅을 감고 있는 바다는 포세이돈에게 맡기며, 맨 아래에 있는 지하의 세계는 하데스에게 주었다. 즉, 제우스는 올림포스 산정에서, 온 세계를 지배하는 천상의 대신大神이 되며, 포세이돈은 바다의 주신主神, 하데스는 지하세계인 저승의 주신이 되는 것이다. 여기서 대신, 주신하는 것은, 신들의 일종의 직위를 가리킨다. 신들에게는 네 단계 계층이 존재하는데, 대신과 주신 그리고 아신亞神과 종신從神이 그것이다. 여기서 한자가 아닌 순수 우리말로 칭할 때는 세 단계로 나뉘는데, 대신과 주신을 합하여 으뜸 신, 아신을 버금 신, 종신을 딸림 신이라고 한다. 올림포스 열두 신들은 모두 으뜸 신이다. 그 외에도 앞으로 수많은 신들이 나오지만 그들은 버금 신과 딸림 신에 속한다. 즉 아신 혹은 종신이다. 이렇게 제우스를 비롯한 세 명의 형제가 우주를 나누었는데, 자매들은 무엇을 맡았을까? 헤스티아는 살림을 맡는 부엌의 여신이며, 데메테르는 먹을 것을 생산하는 곡물의 여신 그리고 헤라는 제우스의 부인이 되어 정식 결혼의 수호여신이 된다.

이렇게 세상을 나누어 갖고 그 지배권을 키워나가는 제우스 형제들을 보고, 티탄 신족들이 가만히 있을 리 없었다. 이들은 힘을 보아 올림포스 신들을 물리쳐 다시금 자신들의 세상을 쟁취할 기회만을 엿보고 있었다. 제우스에게는 큰 걱정이 아닐 수 없었다. 왜냐하면, 한번 휘둘러 불벼락을 일으킴으로써 무엇이든 그 자리에서 죽게 만드는 제우스의 불방망이 그리고 온 세상을 뒤덮는 바다의 폭풍을 일으킬 수 있는 포세이돈의 삼지창, 이런 무기들을 제우스와 포세이돈이 아직은 갖고 있지 않을 때였기 때문이다. 제우스가 세상과 다른 신들을 제압하면서 완벽하게 통치할 시대가 아직 본격적으로 열리지 않은 시대인 것이다. 따라서 무지막지한 거신 족들이 공격해 오면 제우스로서도 뾰족한 수가 없었다.

이때 이치를 주관하는 여신 테미스가 제우스에게 전쟁에서 승리할 수 있는 방도를 알려준다. 무한지옥인 타르타로스에 갇혀 있는 우라노스의 괴물 자식들인 외눈박이 키클로페스 삼 형제와 손이 백 개인 백수거인 헤카톤케이레스 삼 형제를 이용하라는 것이었다. 우리가 위에서 보았듯이, 아버지 우라노스에 의하여 무한 지옥에 갇혀 있는 이 괴물 자식들은 아버지를 거세한 크로노스에 의해서도 풀려나지 못한 채 깊고 어두운 곳에서 살고 있기 때문에, 동족들인 티탄들에 대하여 앙심을 품고 있었고 복수하기만을 기다리고 있었다. 그래서 테미스 여신은 손재주가 좋은 이들을 타르타로스로부터 구출해 주고, 엄청나게 무서운 무기를 만들어 받으면 티탄들과의 전쟁에서 이길 수 있다는 것이다. 그렇다면 제우스는 그 괴물을 데리고 와야 하는데, 그들이 있는 무한지옥, 타르타로스는 어디인가? 대장간에서 달군 쇠붙이를 망치로 두들겨 모양을 만들 때, 밑에 대고 있는 무쇠덩어리를 모루라고 하는데, 이 무거운 모루가 아흐레 동안 계속 떨어져야 닿을 수 있는 땅속 아주 깊은 곳에 있는 무한 지옥이니, 그 깊이가 얼마나 되는지 얼른 계산하기도 쉽지 않다. 그렇지만 제우스는 그곳에 단숨에 달려가 그들을 데리고 와서, 잘 대접하고 테미스 여신의 말대로 그들로부터 무기를 만들어 받는다. 키클로페스 삼 형제로부터는 각각 천둥과 번개와 벼락을 만들어 받는다. 키클로페스란 '둥그런 외눈박이들'이라는 뜻이다. 외눈박이 3형제는 또 포세이돈에게 거대한 삼지창을 만들어준다. 이 삼지창만 있으면 구름과 폭풍우를 부를 수 있고 그래서 바다에 엄청난 파도를 일으킬 수 있는 것이다. 저승의 신 하데스는 외눈박이 거인들이 키네에Kynee라는 투구를 마련해 주었는데, 이것을 쓰고 있으면 살아있는 것들의 눈에는 보이지 않는다.

제우스의 완벽한 세상 지배

다행히 이렇게 제우스 형제들이 전쟁 준비를 완결하고 났을 때, 티탄 신족들과의 전쟁이 터진다. 티탄 신족들이 올림포스 산을 공격하기 위하여 그들의 거처인 오르티스 산을 내려올 때 제우스는 그들에게 연거푸 벼락을 던졌고, 그들이 산 위로 다시 피신하자, 하늘 꼭대기에 있던 백수거인 삼 형제가 백 개의 팔들을 이용하여 거대한 바윗덩어리를 무수히 던져서 그들을 산 채로 묻어버렸다. 무서운 소리는 끝없는 바다를 뒤흔들고, 대지는 외마디 소리를 치고, 넓은 하늘은 신음하며 전율하고, 티틴 신족들의 돌진은 저 깊은 타르타로스까지 떨게 만든 그야말로 거의 우주가 부서져 나갈 정도의 큰 전쟁이었다. 하데스는 엄청난 수의 거대한 돌무덤 속에 묻힌 티탄들의 시신을 수습하여 절대로 빠져나올 수 없는 지하의 세계에 가두었고, 포세이돈은 큰 물줄기를 일으켜 이 저승 주위에 강을 흐르노록 하였다. 헤시오도스는 공격하는 티탄 족들에 대한 제우스의 무서운 반격을 이렇게 묘사하고 있다.

"이제 제우스께서 더 이상 당신의 힘을 억제하시지 않으셨으니,
그분께서는 당신의 가슴이 곧 노여움으로 가득 차자 당신의 힘을
모두 보여주셨다. 그분께서 동시에 하늘과 올림포스에서 오셔서
쉴 새 없이 번개를 치시자, 벼락들이 천둥과 전광과 함께

그분의 억센 손에서 잇달아 날았다. 신성한 화염을 빙글 빙글 돌리며.

그러자 사방에서 생명을 가져다주는 대지가 불타며

요란한 소리를 냈고, 광대한 숲이 사방에서 소리쳤다.

온 대지와 오케아노스의 흐름들과 추수할 수 없는 바다가

끓어올랐다. 뜨거운 돌풍이 지하의 티탄 족을

에워싸고, 말로 형언할 수 없는 화염이

신성한 대기에 닿았으며,

그들이 비록 강력하기는 하지만 벼락과

번개의 섬광은 그들을 눈멀게 했다.

무시무시한 열기가 카오스를 채웠다."

이제부터 신화는 모두 제우스로부터 시작된다. 세상의 지배권이 제우스 대신에게 완벽하게 넘어갔음을 의미한다. 제우스는 늘 봄이던 계절을 나누어 네 계절로 만들었다. 온화한 서풍(제피로스)만 불던 시대가 아니라, 북풍(보레아스)도 불어 물이 얼어붙고 혹한이 오기도 했다. 그리고 어느 때는 대기가 메말라 불볕더위가 계속되기도 하였다. 곡물의 여신인 데메테르의 선물인 씨앗이 뿌려지고, 소가 코뚜레에 꿰여 신음하기 시작한 것도 이때부터였다. 말하자면, 지구의 대기 변화로 현재처럼 사계절이 생겨났고, 농경문화가 싹트기 시작했다는 의미이다. 신화를 지구의 지질변화에 대한 과학적 분석으로 맞추어 설명할 수는 없으나, 헤시오도스나 오비디우스 같은 작가들은 우주의 창조에서부터 그들이 살던 시대에 이르기까지 구전되어온 신화와 상식적인 과학을 바탕으로 설명하려고 노력한 것으로 볼 수 있다. 은의 시대 이후에는 청동의 시대가 온다. 오비디우스

는 『변신이야기』에서 이 시대의 인간은 은의 시대보다 성격이 더 거칠어 더러 무기를 잡고 싸움도 했으나 그렇다고 흉악하다고 말할 정도는 아니었다고 쓰고 있다. 그런데, 헤시오도스의 『노동과 나날』을 보면 이 시대는 제우스가 물푸레나무에서 창조한 청동의 종족이 살던 때였고, 이들은 앞선 종족들과 달리 거칠고 사나웠다고 말한다. 끔찍하게 생긴 이들은 전쟁의 신 아레스의 잔인한 임무를 수행하며 악행을 저질렀으며 농작물을 전혀 먹지도 않고 쇠처럼 단단하고 거친 성격의 소유자였다. 천박한 금속인 철의 시대에 오자, 인간들 사이에 악행이 꼬리를 물고 자행되기 시작했다. 인간은 순결, 정직, 성실성 같은 덕목을 기피하고 오로지 기만과 부실과 배반과 폭력과 탐욕만을 좇았다. 사사로운 싸움은 전쟁으로 번졌다. 약탈하여 먹고 사는 자들도 생겨났고, 사람들은 서로 믿지 못하여 증오하며, 형제들 간에 다정한 우의를 찾아보기 힘들었다. 부부들도 상대가 죽기를 기다렸고, 아비의 재산을 탐내는 자식도 아비가 죽기를 목 놓아 기다렸다. 계모는 독초를 찧어 독약을 만드는 사악한 세상이 되어 버렸다. 신들도 세상을 떠나가 버렸다. 특히 정의의 여신 아스트라이아는 머리를 풀고 하늘로 올라가 별이 되었다. 더 이상 정의는 없다는 의미이다. 이렇게 되자, 제우스가 거처하는 올림포스 산의 천궁도 안전지대가 되지 못하였다. 우라노스의 핏방울이 대지의 여신 가이아의 몸속에 스며들어 태어난 거인 기간테스가 천상에 군림하려고 올림포스 산정으로 높은 산을 쌓아가며 달려들었다. 기간테스와의 전쟁이 벌어진 것이다. 기간테스가 오싸 산 위에 펠리온 산을 겹으로 쌓아 올려놓고 제우스의 천궁을 공격하려 했을 때, 제우스는 벼락방망이로 불벼락을 쳐서 그 산들을 무너뜨렸고, 거대한 거인 기간테스는 펠리온 산 밑에 깔려죽었다. 우리는 이 전쟁을 기간토마키아Gigantomachia라고 부른다. 그들이 흘린 피가 대지로 스며들어 또 다시 인간의 모습으로 환생하기도 했는데, 이 피에서 태어난 인간들은 기간테스보다 나을 것도 없었다. 아주 흉포하고 잔인한 족속이었다.

청동 종족 다음으로는 현재의 인간, 즉 철 종족이 이어지는데, 바로 철 종족 직전에 영웅의 종족이 있다. 우리가 나중에 상세하게 살펴볼 아르고Argo 호의 영웅들은 바로 이 영웅 종족에 속했다. 탈로스Talos라는 청동 종족이 있었다. 그는 영웅시대에까지 살았는데, 크레테 섬을 지키는 청동 종족의 생존자인 것이다. 이 탈로스는 그리스 영웅들이 탄 아르고 호가 크레테 섬에 정박하는 것을 방해한다. 이때 비극적 사랑의 운명의 여인인 메데이아Medeia가 마법으로 그 탈로스를 죽인다. 탈로스가 어떤 존재이고, 어떻게 죽는가, 이 장면은 아폴로니오스가 그의 『아르고나우티카』에서 이렇게 묘사하고 있다.

"탈로스의 몸 전체와 사지는 청동으로 되어 있어서 상처를 입힐 수 없었다. 그런데 그의 발목 힘줄 밑에 피로 가득 찬 정맥이 하나 있었고, 그걸 얇은 피부가 감싸고 있었다. 그의 생명은 바로 이 피부에 달려 있었다. 영웅들은 피곤에 지쳐 있었지만 공포에 질려 열심히 노를 저어 배를 재빨리 해안으로부터 멀리 떨어진 곳으로 몰고 갔다. (……) 메데이아는 주문으로 생명을 앗아가는 죽음의 여신들을 달래고 찬양했다. 하데스 신의 충실한 종인 그들은 공중 여기저기를 돌아다니다가 살아 있는 사람에게 돌진한다. 그녀는 바로 그 여신들에게 무릎을 꿇고 세 번 주문을 외우고 세 번 기도를 하며 간청했다. 그런 다음 험상궂은 표정을 지으며, 청동인간 탈로스에게 적개심 어린 시선을 던져 그의 시력을 잃게 만들었다. (……) 탈로스는 영웅들이 상륙하는 것을 막기 위해 무거운 돌을 들어 올리다가, 그만 뾰족한 돌부리에 자신의 발목의 약한 피부를 긁히고 말았다. 거기서 이코르가 녹은 납처럼 흘러나왔다. 돌출한 바위에 올라섰던 탈로스는 더 이상 서 있질 못했다. (……) 탈로스는 지칠 줄 모르던 발을 이쪽저쪽 흔들더니 엄청난 굉음을 내며

땅바닥에 힘없이 쓰러졌다"

   영웅들의 마지막 적수인 청동인간 탈로스를 죽임으로써, 진정한 영웅시대가 열렸다고 볼 수 있는 것이다. 로마 시대 작가인 오비디우스의 시대구분에는 이 영웅시대가 없다. 그러나 그리스 작가 헤시오도스는 청동 종족 다음으로 영웅종족이 이어진다고 말하고 있다. 나중에 나오게 되겠지만, 헤라클레스, 펠레우스, 이아손 등 아르고 호 원정대 55인의 영웅들이 모두 여기에 속한다. 그 이후의 많은 영웅들은 테베 전쟁과 트로이아 전쟁에서 최후를 맞이했다. 영웅들이 죽은 후 그리스 신화도 끝난다. 헤시오도스의 글을 읽어보자.

"크로노스의 아드님이신 제우스께서 많은 것을 부양하는 땅 위에
또 다시 네 번째 종족을 만드시니, 이들은 더 의롭고 더 선량했소.
반신이라고 불리는 영웅들의 이 신 같은 종족이
끝없는 대지에서 우리들의 바로 앞 세대지요.
그리고 그들은 사악한 전쟁과 무시무시한 전투가 멸했소."

   오비디우스는 시대로 구분했고, 헤시오도스는 종족으로 나누었기 때문에 차이가 있을 수 있지만, 소멸된 그리스 영웅들에 관하여 로마의 작가 오비디우스는 하나의 시대로 나눌 필요를 느끼지 못했던 것 같다.

03 인류를 멸망시킨 대홍수와 이오를 사랑한 제우스

〈헤르메스와 아르고스〉(부분), 안드레아 로카텔리, 제작년도 미상.
캔버스에 유채, 63x75cm
개인 소장

제우스의 대홍수

성서에서 '노아의 방주'와 같은 대홍수가 그리스 신화에서도 나온다. 사악한 인류가 심판받는 것이다. 제우스는 갈수록 타락하고 사악해지는 인간들을 대홍수로 멸종시키기로 결심한다. 이렇게 결심하게 된 직접적인 계기를 오비디우스는 『변신 이야기』(이윤기 번역)에서 잘 묘사하고 있다. 천상에서 인간들의 죄악을 내려다보던 제우스는 인육을 먹는 잔치를 열었던 아르카디아의 왕 리카온이 저지른 만행을 떠올리고는 인간들을 벌주고 멸망시키기로 한 것이다. 그래서 제우스는 신들의 회의를 열고, 그가 인간 세상에 내려가 겪고 본 리카온의 이야기를 들려주면서 이렇게 결론을 내린다.

"이런 사악함을 보고 도저히 참을 수 없어 복수의 불길을 일으켜 그 집을 온통 다 태워버렸소. 이 자는 도망가다가 입은 옷은 털로 바뀌고 팔은 그만 짐승의 앞다리가 되었으니, 리카온이라는 이 자, 이리로 변신한 것이오. 이리의 눈빛이 사납고 잔혹한 성질을 갖고 있소? 그건 바로 이 자의 화신이기 때문이오. 그런데 이런 인간이 한둘이 아니라는 데 문제가 있소. 그래 내 인간들을 쳐서 절멸시키려 하는 것이오. 새로운 종족, 즉 이전의 종족과는 전혀 다른 새 인류에게 땅을 맡길 것이오."

이렇게 말하면서 제우스가 벼락방망이를 들고 벌떡 몸을 일으키자, 회의에 참석했던 다른 신들이 모두 몸을 움찔하며 두려움 속에서 한발씩 물러섰다. 제우스가 그 커다란 벼락방망이를 휘둘러 세상을 불바다로 만드는 줄 알았던 것이다. 그러나 벼락을 던지려고 방망이를 쳐들던 제우스는 잠시 생각했다. 세상을 불바다로 만들어 버리면 수많은 불기둥들이 올라와 자칫 천궁에까지 불이 붙을지도 모른다고 판단했고, 천궁이 불바다가 될 수 있다는 예언도 떠올랐기 때문이다. 그래서 제우스는 세상에 엄청난 양의 비를 쏟아 붓고 바닷물을 끌어들이며 강줄기의 물을 범람시켜 인류를 멸하기로 한 것이다. 이렇게 하여, 제우스는 남풍의 신 노토스, 바다의 신 포세이돈 등을 총동원하여 엄청난 비를 지상에 쏟아 내리게 하여, 대홍수가 일어난다. 제우스는 먼저 남풍의 신 노토스를 불렀다. 노토스는 제우스의 명령대로 그 큰 손으로 하늘에 걸린 구름을 건드리자, 하늘에서는 무시무시한 소리와 함께 폭우가 쏟아지기 시작했다. 비바람이 몰아치고, 천둥과 번개 속에서 무서운 비가 끝도 없이 퍼부었다. 나무와 곡식들은 바닥에 쓰러지고 산과 들, 농경지는 삽시간에 물에 잠겼다. 농사꾼들이 간절히 기도도 했지만 소용이 없었다. 제우스는 천상의 물을 다 쏟아 붓는 것으로 그치지 않고, 형제지간인 포세이돈과 강을 다스리는 신들의 힘을 빌려서 바다와 강, 모든 물을 총동원하여 이 땅을 삼켜버리게 하였다. 전령을 보내어 강의 신들을 불러 이렇게 호령했다.

"길게 말할 것도 없다. 물줄기란 물줄기는 다 끌어 모으고 수문은 다 활짝 열어 물이 제 마음대로 흘러넘치게 하여라."

이 제우스의 명령을 어길 자는 없었다. 포세이돈은 키클로페스 3형제가 티타노마키아를 앞두고 만들어준 삼지창으로 대지를 때렸다. 그러자 대지가 요동치며 물길이라는 물길은 다 열렸다. 포세이돈과 강의 신들은 바다에서 해일을 일으켜 엄청난 양의 바닷물이 대지를 덮치고 강과 하천은 모두 범람하도록 하였다. 이런 일이 9일 동안이나 지속되었다. 이제 바다와 땅이 따로 없었다. 도처가 바다였던 것이다. 일찍이 어느 누구도 본 적이 없는 엄청난 파멸의 풍경이었다. 인류의 대부분은 물에 빠져 죽었다. 다행히 살아남았다 하더라도 먹을 것이 하나도 남아있지 않기에 모두 굶어죽었던 것이다. 인간뿐 아니라, 모든 짐승들도 물에 빠져 죽고 굶어죽고, 새들도 날다 지쳐 떨어져 죽었다. 세상에 남은 것이라곤 아무 것도 없었다. 그러나 성경의 노아처럼 기적적으로 살아남은 자가 있었다.

　보이오티아 평원과 오이타 평원 사이에는 포키스라는 땅이 있다. 기름진 땅이었으나, 이 엄청난 대홍수로 다 잠기고 바다가 되었는데, 여기에 두 개의 봉우리가 있는 파르나소스**Parnasos** 산만이 그 꼭대기 모습을 드러내고 있었다. 데우칼리온이라는 사람과 그의 아내 피라는 조그만 배를 타고 이 산 꼭대기에 이르렀다. 그들은 인간들 중에서 가장 올바르고 의롭게 살아온 사람들이고 가장 믿음이 깊은 사람들이었다. 제우스는 이 둘은 살아 남기기로 했던 것이다. 실은 프로메테우스가 제우스의 뜻을 미리 읽고서 자신의 아들인 데우칼리온에게 큰 나무배를 만들어 대비하라고 가르쳐주었고, 데우칼리온은 아내 피라와 함께 아버지의 명을 따랐던 것이다. 대홍수에 살아남은 데우칼리온과 그의 아내 피라는 둘만 있는 이 세상에서 어떻게 하면 새로운 인류를 만들고 다시 세상을 일으킬 수 있는지 고민하다가 테미스 여신의 신전을 찾아가 여신의 뜻을 듣기로 하였다. 테미스 여신은 이치의 여신으로서 늘 올바른 충고를 잘 해주는 여신으로 등장한다. 이들이 테미스 여신의 신전에 가서 기도하자, 여신은 이들을 가엾게 보고 이렇게 말한다.

"너희들 크신 어머니의 뼈를 어깨 너머로 던지거라."

신의 소리는 늘 상징적이다. 이 말 뜻은 무엇일까? 데우칼리온과 피라는 한참동안 이 뜻을 몰라서 떨리는 목소리로 여신께 용서를 빌었다. 그러다가 얼마 후 데우칼리온이 "어머니라는 것은 바로 우리가 태어난 대지이고 그 어머니 뼈는 바로 대지 속의 돌일 것이다."라고 테미스 여신의 말을 해석했다. 데우칼리온과 피라는 테미스 여신이 시키는 대로 어깨 너머로 돌을 던졌다. 그러자, 구르던 돌들은 말랑말랑해지면서 점차 사람의 형태로 변한 것이다. 돌의 눅눅한 부분은 살이 되고, 딱딱한 부분은 뼈가 되기 시작한 것이다. 새로운 인류는 이렇게 돌에서 생겨났다는 것이 신화의 설명이다. 데우칼리온은 프로메테우스의 아들이고, 피라는 프로메테우스의 동생인 에피메테우스의 딸이었다. 즉 이들의 아버지는 서로 친형제이므로 이들은 결국 사촌지간이다. 현 인류의 아버지가 프로메테우스의 아들이라는 것은 매우 중요한 이야기이다. 왜냐하면 제우스의 불방망이에서 불을 훔쳐 인간들에게 갖다 준 신이 바로 프로메테우스이기 때문이다. 또한 피라가 에피메테우스와 판도라Pandora 사이에서 태어난 딸이라는 것은 상징적이다. 즉 판도라는 남편 에피메테우스가 집안에 갖고 있었던 상자를 절대로 열지 말라고 했음에도 호기심 때문에 그 상자를 열어 그 안에 들어있던 온갖 불행, 질병, 전쟁 등이 다 빠져 나가도록 함으로써 결과적으로 인류에게 그런 나쁜 것들을 갖다 주었던 여자다. 향후 그리스를 건설하게 될 새 인류는 결국 프로메테우스의 자손들이고, 또 판도라의 자손들인 셈이다.

인간 이외의 다른 동물들은 이 대홍수 뒤에 땅에 남아 있던 습기가 햇볕에 뜨거워질 즈음에 저절로 생겨났다. 대지의 여신이, 살아 있는 것 중에서 가장 큰 왕뱀 피톤Python을 지어낸 것도 이 즈음이었다. 이 왕뱀은 누우면 산자락 하나를 덮을 만큼 컸다고 한다. 우리는 여기서 아폴론의 신탁 이야기를 해야 한다. 신탁이 어떻게 생겨난 것인지 이해하는 것이 향후 신화를 읽는 데 도움이 되기 때문이다. 아폴로니오스의 작품『아르고

『나우티카』를 보면, 그리스 영웅 55인이 아르고 호를 타고 황금양피, 즉 황금으로 된 양의 모피를 찾으러 흑해의 가장 깊숙한 곳에 위치한 나라 콜키스로 항해할 때, 그들이 흑해 입구의 티니아스 섬에 도달하자, 아폴론 신이 나타난다.

"영롱한 빛이 아직 나타나지 않았지만, 그렇다고 더 이상 어둠이 지배하지 않는, 사람들이 새벽이라고 부르는 어슴푸레한 빛이 밤을 뚫고 미끄러지듯 들어올 때쯤, 아르고 호의 영웅들은 황량한 티니아스 섬의 항구에 도착하여 기진맥진한 채로 상륙했다. 그런데 바로 그때 그들 앞에 레토 여신의 아들이 나타났다. 그를 보자 영웅들은 공포에 사로잡혀 어찌할 바를 몰랐다. 아무도 감히 그 신의 아름다운 눈을 똑바로 쳐다보지 못했다. 그들은 시선을 아래 땅으로 향한 채 그렇게 그냥 서 있었다. 아폴론 신은 이미 공중에서 저 멀리 바다 쪽으로 걸어가고 있었다."

아폴론이 아르고 호의 영웅들 앞에 나타났다는 것은 신이 영웅들을 돕고 있다는 징표일 것이다. 이렇게 아폴론이 영웅들 앞에 불현듯 나타났다가 사라지는 장면에 이어 왕뱀에 관한 이야기가 나온다.

"오르페우스는 언젠가 암반 투성이의 파르나소스 산등성이에서 활로 끔찍한 괴물 뱀 델피네스를 어떻게 죽였는지 노래했다. 아폴론이 아직 수염이 나지 않은 소년이고 자신의 곱슬머리를 뽐내던 시절이었다."

이 말에서 알 수 있듯이, 아폴론은 파르나소스 산 기슭에 있는 델포이에 자신의 신전

<사냥에서 돌아오는 아르테미스>, 루벤스, 1615년경
캔버스에 유채, 136x184cm
드레스덴 국립미술관 소장

을 꾸미기 전, 소년 시절에 그곳을 지배하고 있던 왕뱀을 죽인 것이다. 괴물 뱀 델피네스는 왕뱀 피톤을 가리킨다. 왕뱀이 죽자, 제우스의 뜻에 따라 사람으로 변신한 왕뱀의 부인 피티아를 여사제로 두고 찾아오는 사람들에게 그녀를 통해 그의 예언을 전달하기 시작했던 것이다. 그녀는 삼각대 모양의 의자에 앉아 밑에 갈라진 땅 틈 사이로 나오는 지하의 증기에 도취된 채 잘 이해할 수 없는 상징적인 언어로 신탁을 내린다. 어쨌든 델포이를 접수하기 위하여 피톤을 죽일 때 아폴론은 왕뱀의 독이 다 빠지고 쓰러질 때까지 화살 통 하나를 다 비워야 했는데, 그때 파르나소스 산 코리키온 동굴의 요정들은 뱀과 싸우는 아폴론을 향해 '이에 이에'라고 소리치며 그를 응원했다. 'Ie'는 '쏘다'의 명령형으로 결국 '쏴요, 쏴'라는 의미인데, 그 이후 '이에 이에'는 아폴론 찬가의 후렴귀가 되었다.

그렇다면 아폴론은 왜 왕뱀 피톤을 죽였을까? 아폴론과 그의 쌍둥이 여동생 아르테미스는 이미 언급했듯이 제우스와 레토 사이에 태어났다. 제우스의 원래 부인은 헤라인데, 헤라는 제우스의 자식을 임신한 레토를 질투한다. 그래서 대지의 여신에게 부탁하여 괴물 왕뱀 피톤을 만들게 하고, 아폴론과 아르테미스를 낳지 못하도록 왕뱀 피톤을 통해 레토를 끊임없이 괴롭혔던 것이다. 포세이돈의 도움으로 몸을 숨기고 방황하던 레토는 델로스Delos 섬에 가서 쌍둥이를 낳게 된다. 레토에게 땅을 제공하여 아기를 낳게 하면 그 땅을 저주하겠다고 헤라는 맹세했는데, 델로스 섬은 뿌리가 없음으로 헤라의 이런 저주를 피할 수 있는 곳이었다. 제우스는 그 은혜를 고맙게 여겨 델로스 섬이 바다 밑 깊숙이 뿌리를 내리게 해주었다. 아폴론은 왕뱀의 정복자이자 태양의 신이다. 또한 여동생 아르테미스와 함께 사냥에도 아주 능하다. 그래서 늘 화살 통을 곁에 달고 다니는 모습으로 그려지는데, 신들 중에서 몸매가 가장 균형 잡혀 있으며 면모가 수려한 아폴론은 고대 그리스의 이상적인 남성의 모습이기도 하다. 아폴론은 아버지 제우스를 닮아 바람기가 많았다. 어느 날 아름다운 요정 다프네를 보고 아폴론이 쫓아가서 품에 안으려는 순간 그녀가 월계수 나무로 변하고 말았다. 절망한 아폴론은 이렇게 말한다. "그대의 잎으로 만들어 승리자들의 머리에 씌워 줄 월계관 또한 시들지 않으리라." 그 후 올림픽 마라톤의 승자 머리에 월계관이 씌워지게 된 것도 이런 신화로부터 온 것이다.

아폴론이 태양의 신을 맡을 때, 아르테미스는 달의 여신이라는 직책을 맡게 된다. 그렇지만 그녀는 주로 사냥의 여신으로서, 숲 속에서 처녀 여신들, 즉 그녀의 여 사제들의 시중을 받으며 정숙한 생활을 한다. 영원한 순결을 중시하는 아르테미스는 처녀성을 잃은 여성들에게 가혹한 벌을 주기도 한다.

제우스와 이오의 사랑
그리고 헤라클레스

아르고스의 이나코스 강은 다른 강과는 달리 바다로 흘러가지 않고 동굴 깊숙이 들어앉아 하염없이 흐르는 눈물로 제 강물을 불리고 있었다. 딸 이오를 잃었기 때문이다. 아무리 수소문해봐도 딸의 행방을 알 수 없었는데, 그것은 제우스가 그녀를 암소로 변신시켰기 때문이다. 그렇다면, 왜 제우스는 그녀를 암소로 만들어놨을까? 천상에서 땅을 내려다보다가 아름다운 여인을 발견하면 사랑을 해야 직성이 풀리는 바람둥이 제우스는 강의 신 이나코스의 딸을 보고 역시 지상으로 내려가 동침한다. 처음에 제우스는 이오에게 이렇게 말했다.

"처녀여, 제우스에게나 어울릴 아름다운 처녀여, 그대가 잠자리를 함께 하면 제우스가 얼마나 기뻐할까? 해가 황도를 지나는구나. 그러니 깊은 숲 속으로 들어가 서 따가운 볕을 피하기로 하자"

그러나 아름답고 순결한 이오는 제우스를 피해 나무가 빼곡히 들어찬 넓은 숲 속으로 달아났다. 그런데 제우스가 누구인가? 세상 모든 것을 조정하는 천궁의 대신이다. 그는 이오가 달아나는 대지 위에 구름을 드리워 어둠을 깔아서 이오가 더 이상 도망가지 못하게 하고 사랑을 이루게 된다. 대낮에 갑자기 짙은 구름이 드리우고 어둠이 내리자,

이상하게 생각한 제우스의 정실부인 헤라가 구름을 제치고 대지를 내려다보았다. 그런데, 이나코스 강가에 남편 제우스와 어느 멋진 암소가 함께 있는 것이었다. 헤라가 지상을 관찰하려는 순간, 이를 알아챈 제우스가 동침한 이오를 얼른 암소로 변신시킨 것이었다. 이렇게 제우스가 암소로 바꾸어 놓았으니, 이오의 아버지 이나코스가 아무리 찾아도 딸의 행방을 알 수 없었던 것이다. 이 멋진 암소가 제우스의 연인이라는 것을 바로 알아차린 헤라는 분노하여 이오가 다시 사람으로 바뀌어 제우스와 사랑하지 못하도록 눈이 백 개나 달린 아르고스로 하여금 암소를 지키라고 명령한다. 헤라의 손으로 넘어간 암소는 아버지를 보고도 말을 할 수도 없었고, 아버지도 그녀를 알아보지 못한 채 딸을 찾아 헤매는 것이다. 이오를 불쌍히 여긴 제우스가 가만히 있을 수 없었다. 그래서 헤르메스를 불러서 이오를 구출하라고 명령한다. 제우스의 충실한 전령의 신 헤르메스는 아르고스가 지키고 있는 이오에게 날아가지만, 눈이 백 개나 되는 아르고스의 시선을 피하여 이오를 데리고 올 수는 없었다. 그래서 헤르메스는 목신 판이 만들었다는 갈대 피리 시링크스를 불며 이 갈대 피리가 만들어진 사연을 이야기 해준다. 헤르메스의 이야기와 그가 부는 피리소리에 결국 백 개나 되는 눈을 모두 감고 아르고스가 졸기 시작하자, 헤르메스는 단숨에 그의 목을 자르고는 바위산에서 아래로 차 버렸다. 제우스의 뜻을 거스르는 자는 누구라도 이렇게 징벌을 받게 되는 것이다.

이후에도 오랫동안 이오는 암소로 떠돌아야 하는 신세를 면치 못한다. 이를 불쌍히 여긴 제우스가 헤라에게 간청하여 헤라의 분노와 질투를 가라앉히고 이오를 다시 사람으로 돌려놓자, 이제 이오는 어엿한 여신이 되어 흰 옷을 입은 신관을 거느린다. 이오는 에파포스라는 아들을 낳는데, 이는 제우스의 씨를 받아 이오가 지어낸 아들인 것이다. 아이깁토스, 즉 지금의 이집트 신화에 풍요의 여신 이시스가 있는데, 이시스는 이오와 동일한 여신으로 믿어진다. 아이깁토스 땅의 신전에는 이오 신전과 그녀의 아들 에파포스 신전이 나란히 있다. 제우스와 이오의 아들 에파포스는 리비아라는 딸을 두게 되는데, 리비아는 포세이돈과의 사이에 두 아들, 벨로스와 아게노르를 낳는다. 벨로스로부터는 아이깁토스와 다나오스 쌍둥이 형제가 생겨서 각각 아이깁토스와 아르고스의 왕이 되어 자손을 잇게 되고, 아게노르로부터 낳은 아들 카드모스는 저 유명한 테베의 건설자가 된다. 이렇게 이오의 후손들은 그리스 신화의 주요 가문 그리고 주요 인물들을 형성하는데, 그리스 영웅 페르세우스도 다나오스의 후손이며 오이디푸스와 안티고네로 대표되는 테베의 가문의 비극도 모두 여기서부터 시작되는 것이다. 영웅 헤라클레스 역시 이오의 13대 자손이다.

헤라클레스의 탄생 역시 제우스의 바람기 또는 여인 사랑으로 인한 것이다. 헤라클레스는 제우스와 알크메네Alkmene라는 여자 사이에서 태어났는데, 본래 알크메네는 암피트리온Amphitryon의 아내였다. 암피트리온은 알카이오스의 아들이며, 메두사의 목을 치고 안드로메다를 구출한 영웅 페르세우스의 손자인 것이다. 제우스가 알크메네에게 접근 할 때, 그녀는 남편에게 충실한 매우 정숙한 여인이었기 때문에, 그녀의 남편 암피트리온이 원정 나가고 없는 사이, 남편 암피트리온의 모습으로 변신해서야 겨우 그녀와 잠자리를 같이 할 수 있었다. 이렇게 하여 잉태된 생명이 헤라클레스인 것이다. 그렇지만 제우스의 부인 헤라는 이 모든 사실을 정확하게 알고 있었고 질투심 강한 그녀가 가만히 있을 리 없었다. 그녀는 헤라클레스를 죽일 목적으로 생후 8개월 된 헤라클레스의 요람에 두 마리의 독사를 집어넣었다. 그렇지만 겨우 8개월의 헤라클레스는 두 손으로 그 독사를 목 졸라 죽여 버렸다. 먼 훗날, 장차 아내가 될 데이아네이라라는 여자를 두고, 헤라클레스가 아켈로우스라는 자와 결투할 때, 아켈로우스가 뱀으로 변신하여 똬리를 틀고 갈라진 혀로 쉭쉭 소리 내고 있는 것을 보자, "강보에 싸여 있을 때도 뱀을 잡은 나다."라고 비웃으며 소리치는 것은 바로 이 사건에 연유한다. 태어난 지 8개월 만에 뱀을 목 졸라 죽인 것은 헤라클레스의 용맹성을 단적으로 보여준 사건이고, 앞으로 헤라클레스의 영웅적 행적을 암시하는 일화인 것이다.

헤라클레스가 자란 곳은 테베 궁전이다. 명목상 아버지 암피트리온은 장인의 후계자로 티린스Tiryns를 통치할 인물이었으나 실수로 장인을 죽인 후, 티린스에서 추방당하고 아내 알크메네와 함께 테베로 망명하여 살고 있었기 때문이다. 테베의 왕 크레온Kreon은 그들을 환대했고, 이렇게 하여 테베에서 성장한 헤라클레스는 암피트리온을 도와 테베와 숙적이던 오르코메노스와의 전투에서 대승을 거두게 된다. 테베의 왕 크레온은 이에 대한 감사의 표시로 헤라클레스에게 자신의 딸 메가라Megara를 아내로 주었다.

그렇지만 헤라의 끈질긴 질투는 헤라클레스를 가만히 놔두지 않았다. 아들 셋을 낳으며 행복하게 살던 헤라클레스가 어느 날 갑자기 실성하여 아내가 암사자로 보이고, 아들들이 하이에나로 보여서 그들 모두를 목 졸라 죽여 버리는 사건이 벌어졌다. 헤라가 그를 미치게 만든 것이다. 다시 제 정신이 돌아왔을 때, 이미 때는 늦었고 죽은 가족들을 되살릴 수도 없었다. 헤라클레스는 이 끔찍한 죄를 씻을 방도를 찾기 위하여 델포이의 아폴론 신전을 찾아가 여 사제 피티아로부터 신탁을 받는데, 그것은 암피트리온의 사촌인 티린스의 왕 에우리스테우스를 찾아가 그에게 봉사하라는 내용이었다. 그런데 에우리스테우스는 헤라클레스에게 인간으로서는 도저히 해낼 수 없을 것 같은 열두 가지의 과업을 주며 이것을 다 완수하면 자유의 몸이 되도록 하겠다고 약속한다. 물론 이것은 헤라가 에우리스테우스를 통하여 헤라클레스에게 시키는 일인데, 헤라클레스는 온갖 고초를 겪으며 이 열두 가지 과업을 모두 완수함으로써, 진정한 그리스 영웅의 반열에 오르게 되는 것이다.

헤라의 저주로 인하여 헤라클레스는 종종 광기에 빠지곤 하였다. 아내와 아들을 죽인 광기 외에도 그는 언젠가 술잔치에서 이피토스라는 청년을 죽인 적이 있었다. 이 죄를 씻을 방도를 찾기 위하여, 아폴론 신전의 여 사제를 찾아갔는데, 희한한 신탁이 나왔다. 즉, 리디아 땅 옴팔로스 왕국의 여왕 옴팔레 밑에서 종살이를 해야 한다는 것이었다. 문제는 이 옴팔레 여왕이 과부이며 매우 음란하다는 것이다. 이 여왕 밑에서 종살이를 하라는 것은 여왕과 성생활을 하라는 말과 다름 아닌 것이었다. '옴팔레'는 '배꼽'이라는 뜻이며, '세계의 중심'이라는 뜻이다. 즉 여왕이 세계 중심이라는 것인데, 아직 모계 중심의 전통이 남아있던 사회의 신화라고 생각된다. 또한 배꼽은 성적으로도 상징적인 의미를 지니고 있다. 이곳에서는 과부나 처녀들이 매춘부로 즐기다가 사내를 맞아들이는 문란한 성 풍습이 있었던 것이다. 그리스 신화의 특색은 신이나 영웅이 완벽한 존재가 아니라는 점이다. 도덕적으로 어느 때는 평범한 인간보다 더 퇴락할 수도 있는데, 중요한 것은 이런 약점들이 그들의 영웅적 행위로 인하여 극복되고 있다는 사실이다.

오이칼리아의 에우리토스는 활솜씨가 매우 뛰어났다. 온 나라에 활 시합을 겨뤄 자신과 아들을 이기는 자에게 딸 이올레를 주겠다는 방을 붙이고 활솜씨를 겨루는 놀이를 즐겼다. 많은 도전자들이 나섰지만 아무도 그들을 당해 낼 수 없었다. 때마침 오이칼리아에 들른 헤라클레스가 시합에 나서 이김으로써 이올레를 갖게 된다. 헤라클레스 곁에 있는 이올레에 질투를 느낀 헤라클레스의 아내 데이아네이라는 남편의 사랑을 되돌릴 방도를 강구하다가 문득 켄타우로스, 즉 허리 위로는 사람이고 아래로는 말인 반인 반마 네소스로부터 받았던 피에 젖은 천 조각을 생각해 낸다. 네소스는 헤라클레스를 속이고 그의 아내 데이아네이라를 납치해 가려다 헤라클레스가 쏜 화살에 맞아 죽었던 자다. 헤라클레스는 열두 가지 과업 중 하나로 물뱀 히드라를 죽인 적이 있다. 그 후 그는 히드라의 독을 화살에 묻혀 놓고 사용하고 있었는데, 네소스가 맞은 화살에도 히드라의 독이 묻어 있었다. 네소스는 죽으면서, 천 조각을 자신의 흐르는 피로 적셔 장차 꼭 필요한 사랑의 묘약이 될 것이라는 거짓말과 함께 이를 헤라클레스의 아내 데이아네이라에게 주었다. 히드라의 독이 묻은 천 조각이 네소스의 말대로 사랑의 묘약이 될 것이라고 굳게 믿고 있던 데이아네이라는 이 천 조각을 통하여 이올레의 아름다움에 빠져버린 남편의 마음을 자신에게 되돌릴 수 있을 것이라고 생각한 것이다.

마침 그때 집을 떠난 헤라클레스가 전령 리카스를 보내 신들께 제사를 드리기 위해 예복이 필요하니 옷 한 벌 만들어 보내라고 기별했다. 절호의 기회로 생각한 그녀는 네소스의 거짓을 곧이곧대로 믿고 그 천 조각을 기워 넣은 예복을 만들어 리카스에게 주어 남편에게 전달하라고 일렀다. 리카스로부터 히드라의 독이 묻은 예복을 받은 헤라클레스는 아무 의심도 없이 예복을 입었다. 이 옷을 입자, 이미 불이 지핀 제단의 열기 속에서 독이 녹으며 헤라클레스의 온 몸 구석구석으로 들어와 퍼져 나갔다. 처음에 헤라클레스는 놀라운 용기로 고통을 참아냈지만, 한계에 다다르자, 오이타 산이 떠나가도록 고함을 질렀다. 그리고 자신에게 이토록 끝까지 고통을 주는 헤라 여신에 대한 원망과 한탄의 소리를 질러댔다. 신음을 하며 예복을 뜯어내려 했으나 몸에 달라붙은 옷이 쉽게 떨어지지 않았다. 이 옷을 전해준 리카스를 오이타 산 너머 멀리 바닷가로 집어던진 헤라클레스는 오이타 산 나무를 잘라 스스로 화장 단을 쌓고는 필록테테스로 하여금 불을 붙이라고 부탁한다. 헤라클레스는 스스로 나무를 잘라 쌓아놓고 그 위에 누워 불타 죽었다. 죽는 방식을 자신이 선택한 용맹한 영웅인 것이다. 천궁의 신들은 지상의 왕자였던 이 영웅의 죽음을 애석하게 여겼다. 그러나 제우스는 신들에게 이렇게 말한다.

"그대들이 저 아이가 이룬 위대한 업적으로 저 아이를 대견하게 여기는 모양이오만, 그 영광은 나로 인한 영광에 다름 아니오. 저 오이타 산에 타오르는 불길을 두려워하지 마시오. 모든 것을 정복한 헤라클레스는 그대들이 바라보고 있는 저 불길까지 정복할 것이오. 헤파이스토스의 권능이 태울 수 있는 것은 저 아이가 제 어머니로부터 받은 것뿐이오. 저 아이가 내게서 받은 것은 영생불사 하는 것이니 저런 불길에 탈 리가 없소. 나는 이제 지상에서 한살이를 마친 저 아이를 이 천상으로 불러올리려 하오. 나는 그대들 신들이 모두 기뻐하리라고 믿소."

이런 제우스의 뜻에 따라, 헤라클레스의 육신이 불타는 동안, 영혼은 아테네 여신과 함께 이륜마차를 타고 하늘로 올라갔다. 필멸의 육체를 벗고 불사의 몸으로 거듭난 것이다. 헤라는 그때서야 비로소 화를 누그러뜨리고 그와 화해한 후, 자신의 딸인 헤베 **Hebe**를 아내로 주었다. 헤라클레스는 헤라가 부과한 열두 가지 과업을 무사히 치러냄으로써 헤라를 욕되게 한 것이 아니라, 오히려 헤라를 영광되게 한 것이다. 헤라클레스라는 이름은 '헤라의 영광'이라는 뜻인데, 제우스는 모든 것을 미리 알고 아들에게 이러한 이름을 지어 주었던 것이다. 헤라클레스가 사후에 신이 되어 헤베와 결혼하는 것은 그가 신들만의 특권인 영원한 청춘을 누리게 되었음을 의미한다. 헤베는 제우스와 헤라의 딸로서, 신들에게 술을 따르는 일을 맡았으나, 이 일은 나중에 제우스가 암말을 주고 그 대가로 데리고 온 트로이아의 왕 라오메돈의 아들인 미소년 가니메데스 **Ganymedes**가 맡게 된다. 그런데, 헤라클레스의 이런 신격화에 대하여 헤시오도스와 호메로스의 견해가 서로 다른 것이 흥미롭다. 헤시오도스는 『신통기』에서 이렇게 말한다.

"강력한 헤라클레스는 한숨을 자아내는 시련들을 마치고 나서

위대한 제우스와 황금 샌들의 헤라의 딸인 헤베를

눈 덮인 올림포스에서 정숙한 아내로 삼았다.

불사신 사이에서 큰일을 해내고 나서 지금은

언제까지나 고통도 나이도 모른 채 살고 있으니

헤라클레스야말로 행운아로다!"

헤라클레스가 영생하는 신의 반열에 오른 것을 축하하는 내용인데, 이것은 후기 신화 작가들의 작품에 연속되는 내용이다. 그런데, 호메로스의 『일리아스』에서는 트로이아 전쟁의 영웅 아킬레우스가 전쟁터에서 맞이할 죽음이 두렵지 않다면서 어머니 테티스에게 이렇게 말하는 장면이 있다.

"제 죽음의 운명은 제우스와 다른 불사신들께서

이루기를 원하시는 때에 언제든지 받아들이겠어요.

크로노스의 아드님 제우스 왕께서 가장 사랑하시던

강력한 헤라클레스도 죽음의 운명을 피하지 못하고

운명의 여신과 헤라의 무서운 노여움에 제압되고 말았어요."

호메로스는 헤라클레스의 신격화를 언급하지 않은 채, 단지 그가 헤라의 노여움으로 죽음을 맞이했다고만 쓰고 있는 것이다. 제우스는 대홍수를 일으켜서 타락한 인류를 멸망시키고, 데우칼리온으로부터 시작되는 새 인류를 만들어내었다. 그리고 파르나

소스 산기슭 델포이를 세상의 중심으로 만들어 그곳에서 아폴론을 통하여 자신의 뜻을 전하게 된다. 즉 영웅들이나 인간들에게 신탁을 내리는 것이다. 신탁은 델포이의 아폴론 신전에 사는 피티아라는 무녀가 전하는 매우 상징적인 말들로 이루어져 있다. 아폴론이 예언의 신이 된 것도 이런 맥락이다. 신화에 나오는 신 혹은 영웅들의 비극은 이 신탁을 거부하거나, 신탁을 통하여 자신에게 주어진 운명에 대항하는 자의 비극이다. 그러나 운명에 대한 저항을 통하여 진정한 인간상이 무엇인지 우리에게 보여주고 있는 것이 신화이기도 하다. "모든 것은 제우스의 바람기로부터 시작되었다."라는 19세기 신화학자 벌핀치의 지적대로, 제우스와 이오의 사랑을 통하여 그리스 주요 가문이 형성되고 주요 인물들이 태어났는데, 이 중에서 그리스 영웅 헤라클레스의 파란만장한 삶과 사랑 그리고 드라마틱한 그의 죽음이야말로 신화의 역동적 담론인 것이다.

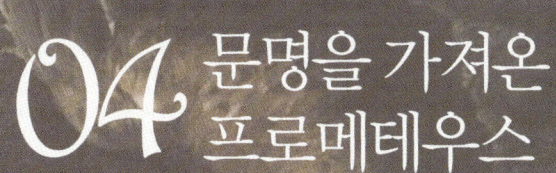

04 문명을 가져온 프로메테우스

〈결박당한 프로메테우스〉, 루벤스, 1610~1611년
캔버스에 유채, 243x210cm
필라델피아 미술관 소장

제우스의 불을 훔친 프로메테우스

아이스킬로스의 비극 『결박당한 프로메테우스』에서 프로메테우스는 쇠사슬로 바위에 묶여 이렇게 한탄한다.

"그렇다면 보시구려, 사슬에 묶인 이 불행한 신을,

인간들을 너무나 사랑했기에

제우스의 적이 되고,

제우스의 궁전으로 들어가는

모든 신들의 미움을 받고 있는 나의 모습을!"

카우카소스Kaukasos 산 바위에 묶여 독수리에게 간을 파 먹히고 고통을 당하고 있는 프로메테우스, 인간들을 너무나 사랑하여 제우스로부터 징벌을 받는 그는 어떤 신인가? 프로메테우스는 우라노스의 다섯 번째 아들인 이아페토스의 아들이므로 티탄 족에 속하는 신이다. 또한 대홍수 이후 나타난 새 인류의 시조 데우칼리온의 아버지이기도 하다. 따라서 티탄(거신 족)이면서 인간과 관계되는 특이한 신이 된 셈인데, 그가 고통 받는 인간들에 대한 연민 속에서 제우스에게서 불을 훔쳐 인간에게 갖다 줌으로써 인간들의 새로운 삶의 양태를 열어준 것도 이런 관계 속에서 생겨난 인간 사랑일 것이다. 프로메테우스가 제우스에게 저항할 수 있는 것은, 원래 프로메테우스는 티탄 신족이기 때문이다. 새로 권력을 쥔 제우스는 우라노스에 이어 티탄 신족을 다스리고 있었던 크로노스의 아들이므로, 티탄 신족은 올림포스 신족보다 가족적으로 따지면 항렬이 높은 것이다. 프로메테우스는 티탄 신족이 제우스를 상대로 난을 일으키리라는 것도 알았고, 티탄 신족이 패배할 것도 미리 알았다. 그래서 프로메테우스는 이 전쟁에서는 제우스를 도왔던 것인데, 이는 앞날의 권력이동을 미리 간파한 영리한 프로메테우스의 선택이라고 볼 수 있다. 그렇지만, 처음부터 무조건 제우스를 도운 건 아니었다. 프로메테우스는 제우스가 통치할 수 있도록 크로노스를 권좌에서 축출하기를 원하는 새로운 신들의 세력과, 제우스는 절대로 신들을 통치해서는 안 된다는 티탄 족 세력 사이에서 상당히 조언도 하고, 의견을 조정해 보려고 했으나, 티탄 신족들이 힘으로 세상을 평정하려고 하자, 결국 제우스 편을 들었던 것이다. 우직하게 티탄 편에서 싸웠던 이아페토스의 또 다른 아들 아틀라스는 어깨로 하늘을 떠받치는 벌을 받았지만, 아틀라스와 같은 형제들인 프로메테우스와 에피메테우스는 공을 인정받아 제우스로부터 주요 임무를 부여받게 된다.

티탄들과 싸움에서 승리한 제우스의 독재와 강권통치가 계속되자, 프로메테우스는 제우스를 궁지에 몰아넣을 방법을 궁리한다. 제우스가 초기에 상당한 강권 통치를 한 것은 아이스킬로스의 작품에 잘 나와 있다. 제우스로부터 불을 훔친 프로메테우스를 강제로 쇠사슬에 묶는 신들의 이름이 힘이라는 의미의 크라토스Kratos와 폭력이라는 뜻의 비아Bia인 것을 보면 그 점을 잘 알 수 있는 것이다. 더구나 이 신들은 매우 가혹하여 프로메테우스의 몸을 단지 사슬로 묶었을 뿐 아니라, 가슴 한가운데에 강철 쐐기를 박기도 하였다. 이것은 장차 예수가 손바닥에 쇠못이 박히는 것을 연상시키고 있다. 이런 점에서 후기의 신화학자들, 르네상스 시대 이후의 예술가들 그리고 시인들은 인간을 불로써 구원한 프로메테우스가 제우스로부터 박해를 받았다고 생각하고 그들의 작품에 이런 모습을 투영시킨다. 사실 헤시오도스의 『신통기』에는 프로메테우스가 아주 꾀많고 교활한 신으로 그려지고 있지만, 아이스킬로스 시대에 오면 벌써 프로메테우스에 대한 평가가 달라지기 시작한다. 아이스킬로스는 『결박당한 프로메테우스』에서 그리스 비극의 중요한 요소인 합창대 코로스를 등장시켜, 프로메테우스의 고통을 슬퍼하고 제우스의 폭정을 이렇게 규탄한다.

"프로메테우스여!
놀란 나머지 솟아오르는 눈물에
눈앞이 흐려져요.
그대가 강철에 묶여 이런 수모를 당하며
암벽에서 시들어가는 것을 보고 있자니까 말예요.
새로운 키잡이들이 올림포스를 통치하고 있기 때문이지요.
새로 만든 법에 따라 제우스는 아무 법규도 없이 통치하고
있으며 전에 강력하던 것들을 그는 지금 말살하고 있어요."

이제 프로메테우스의 인간 창조에 관하여 알아보자. 인간 시대에 관해서는 헤시오도스의 『노동과 나날』에 매우 구체적으로 나와 있는데, 헤시오도스는 이 작품에서 인간들의 시대를 다섯 가지로 구분하면서 인간 종족에 대하여 언급하고 있다. 즉, 황금시대, 은의 시대, 청동시대, 영웅시대 그리고 철의 시대가 그것이나, 사실 헤시오도스는 시대라는 말을 쓴 것이 아니라, 종족이라는 말을 사용하였다. 그에 따르면 황금 종족과 은의 종

족은 올림포스 신들이 창조했고, 청동 종족은 제우스가 물푸레나무에서 만들었으며, 반은 신이고 반은 인간인 영웅들은 제우스와 이오의 사랑으로부터 창조되었던 것이다. 우리는 프로메테우스가 만든 인간은 철의 종족에 속한다고 생각한다. 헤시오도스는 이 종족을 바로 "우리들의 세대"라고 분명히 규정하고 있는 것으로 봐서, 현 인류를 가리킨다고 봐야 할 것이다. 그런데 헤시오도스는 프로메테우스의 인간 창조에 대하여 말하고 있지 않다. 이 이야기는 이후의 신화 원전 작가들에서 나타나는데, 예를 들면 아폴로도로스는 "프로메테우스가 물과 흙으로 인간들을 빚은 다음 제우스 몰래 회향 풀의 줄기에 감춰두었던 불을 인간에게 주었다."라고 기술하고 있는 것이다. 장차 인간에게 불을 갖다 줌으로써 결정적으로 제우스에 대항하게 될 프로메테우스가 이 시점에서 인간을 만들기로 한 것은 새로운 지도자 제우스에 대한 저항의식에서 출발한다. 그는 진흙에 물을 부어 이기고 신들의 형상과 비슷한 인간을 빚어 이를 이레 동안 볕에 다 말린 다음 여기에 생명을 불어넣으려고 했다. 바로 그때 지혜의 여신 아테네(지혜)가 지나가다 프시케Psyche(나비)를 한 마리 날려 보냈고, 이 프시케가 잘 마른 인간의 콧구멍으로 들어가니, 이로써 인간에게는 '프시케'가 깃들게 되었던 것이다. 그리스어에서 '프시케'는 '영혼'이라는 의미로도 쓰이는데, 따라서 영혼이 깃들어 생명이 부여된 셈이다. 아테네는 제우스의 딸이지만, 늘 영웅의 수호여신으로 나오고, 여기서는 프로메테우스의 인간 창조라는 과업을 도와주고 있는 것이다.

프로메테우스가 불을 훔치기 전에 인간이 사는 자연에는 불의 요소가 있었다. 즉, 인간이 불을 지필 수 있는 조건이 마련되어 있었지만, 제우스가 그 불을 빼앗고 인간에게 고통을 주었기 때문에, 프로메테우스는 불을 다시 가져 올 생각을 하게 된 것이다. 사실 관계를 따지자면, 제우스가 먼저 인간에게 불을 주지 않기로 하자, 고통 받는 인간을 측

은하게 바라보던 프로메테우스가 제우스로부터 불을 빼앗아 온 것으로 보아야 할 것이다. 그 사건의 경위는 헤시오도스의 『신통기』에 잘 나와 있다. 이 이야기는 메코네의 지역 신화에서 온 것이지만, 헤시오도스는 상세하게 잘 설명하고 있다. 그것을 요약해 보면 다음과 같다. 메코네에서 신들과 인간들이 황소 한 마리를 놓고 제사문제로 서로 갈라섰을 때, 프로메테우스는 인간 편을 들기 위하여 제우스를 속인다. 그는 제우스 앞에 살코기와 기름진 내장을 소의 위로 덮은 다음 소가죽으로 싸서 내 놓았고, 인간들을 위해서는 뼈다귀를 쌓은 다음 그것들을 윤기 나는 기름 조각으로 교묘히 쌌던 것이다. 그때 제우스는 프로메테우스에게 이렇게 말한다.

"이아페토스의 아들이여, 모든 통치자들 가운데 걸출한 자여,
그대는 얼마나 불공평하게 몫을 나누었는가!"

계략을 알고 있는 제우스가 그렇게 나무라자, 음모를 꾸미는 프로메테우스는 가볍게 미소 지으며 이렇게 답한다.

"제우스여, 영생하는 신들 중에 가장 영광스럽고 가장 위대한 분이여.
둘 중 어느 것이든 그대의 가슴 속 마음이 명령하는 것을 고르십시오!"

제우스는 프로메테우스의 술책을 꿰뚫어보았지만 인간에게 재앙을 내릴 생각으로 일부러 뼈다귀 쪽을 택한다. 기름 조각에 싸인 뼈다귀를 확인한 제우스는 분노하여 신을 속인 죄로 인간에게 불을 금하는 벌을 내린 것이다. "물푸레나무들에게 지칠 줄 모르

는 불의 힘을 주시지 않았다."라고 헤시오도스는 쓰고 있는데 이는 곧 불을 인간으로부터 뺏은 것이라는 의미로 해석해야 할 것이다. 물푸레나무들은 불을 지니고 있다는 것이며, 신화에서는 이 나무로부터 종종 생명체가 만들어지기도 하였다. 인간에게 이런 벌을 내린 후, 제우스가 다시 올림포스 산으로 올라간 날부터 인간의 고통은 시작되었다. 인간을 빚고 인간에게 정을 쏟던 프로메테우스는 제우스와의 싸움에서 전세를 역전시키고 인간에게 전처럼 살 길을 열어줄 묘책을 궁리한 결과, 제우스로부터 불을 훔쳐 인간에게 갖다 주기로 결심하게 된 것이다. 인간에게 가장 유익하고 제우스가 가장 자랑스럽게 여기는 것은 불이었다. 외눈박이 키클롭스 삼 형제로부터 받아 티타노마키아에서 결정적으로 승리하는 도구가 바로 불벼락이었던 것이다. 이 위대한 벼락방망이에서 불을 훔쳐오기로 프로메테우스는 작심한 것이다.

이것은 실로 엄청난 일이었으며, 아테네 여신의 도움이 없었더라면 불가능한 일이었다. 프로메테우스는 아테네 여신의 말에 따라, 속이 빈 회향 풀 줄기를 품속에 넣고는 여신의 수레를 빌려 타고 천상으로 올라갔다. 그리고 제우스의 벼락에서 불씨를 훔쳐 속빈 회향 풀 줄기 안에 넣고는 불이 꺼지지 않도록 쉴 새 없이 흔들며 지상으로 내려왔던 것이다. 헤시오도스는 이렇게 쓰고 있다.

"속이 빈 회향 풀 줄기 속에다 지칠 줄 모르는 불의 멀리 보는 화광을 훔쳤다. 높은 곳에서 천둥을 치시는 제우스께서는 이에 가슴이 쓰라리셨고, 인간들 사이에서 불의 멀리 보는 화광을 보시자 마음속으로 화가 나셨다."

프로메테우스가 훔쳐다준 불은 인간의 삶을 그 전과는 전혀 다르게 만들었음은 물론이다. 인간은 그 불을 이용하여 우선 고기를 익혀 먹을 수 있었고, 짐승을 잡을 수 있는 무기를 만들 수 있었다. 땅을 뒤져 먹자면 단단한 농기구를 만들어야 하는데 불에 달구어 벼리니 이것도 얼마든지 가능했다. 추우면 견디다가 많이 죽기도 했지만, 이제 불을 얻고부터 인간은 보레아스의 북풍이 몰아치는 겨울을 두려워하지 않았다. 프로메테우스가 인간에게 갖다 준 불은 문명의 불인 것이다. 그러나 다른 각도에서 보자면, 문명은 자연을 거스르는 행위요, 자연으로부터 이탈하는 행위로 해석될 수 있다. 프로메테우스의 불은 인간에게 문명을 갖다 주었지만 동시에 제우스가 만들어 놓은 자연에 맞추어 살라는 대신의 뜻과는 다르게 인간을 살도록 만들었던 것이다. 불을 소유하기 전까지 인간은 태양신 헬리오스의 태양마차가 저 동쪽 하늘에 떠서 서쪽 하늘로 사라지면 삼라만상은 어둠에 잠기므로 스스로 잠을 청했고, 새벽의 신 에오스가 어둠을 휘젓고, 헬리오스의 태양 마차가 하늘에 나타나면 다시 일어나 활동하였다. 그런데 어둠을 밝히는 불은 이런 삶을 거역하게 만들었고, 먹는 것도 바뀌었다. 자연 그대로의 날것을 먹던 인간이 불로 익힌 음식을 취하면서 자연의 싱싱함과 순수함으로부터 멀어지게 되었던 것이다. 프로메테우스는 불만 갖다 준 신이 아니라, 인간에 유용한 모든 기술은 프로메테우스로부터 나왔다. 지적 능력과 사고력이 없었던 인간들은 우글거리는 개미 떼처럼 햇빛도 안 드는 토굴 속에서 파묻혀 살았다. 그런 인간들에게 숫자를 발명해 주었고 문자의 조립도 찾아내어 주고 야수들에게 멍에를 얹어 농경을 가르쳐 준 것은 프로메테우스라는 것이다. 모든 기술은 프로메테우스로부터 나왔다는 것인데, 이런 면에서 보면, 프로메테우스가 인간을 만들고, 아테네 여신이 프시케를 넣어주어 영혼이 깃들게 하였다는 것은 바로 새로운 인류 문명이 프로메테우스로부터 시작하고 있음을 의미한다. 인간에게 불을 건네준 프로메테우스는 인류 문명의 신이 된 셈이며, 제우스와 완벽한 대립

관계에 놓이게 되는 것이다.

　제우스는 자신으로부터 불을 훔쳐 인간에게 갖다 준 프로메테우스를 불방망이 한 번 휘둘러 단번에 죗값을 치르게 할 수도 있었을 것이다. 그러나 이번에 제우스는 그럴 수 없었다. 왜 그랬을까? 그에게 불을 훔친 이 대죄를 두고 왜 프로메테우스를 벼락으로 내려치지 않았을까? 그것은 조금 후에 이야기하도록 하고 우선 제우스가 프로메테우스에게 어떤 벌을 내렸는지 보자. 이것은 제우스의 벼락방망이를 맞아 신의 세계에서 사라지는 것보다 더 고통스런 형벌이었다. 제우스는 벼락으로 치는 대신 전령 신 헤르메스를 보내어 힘의 신 크라토스와 폭력의 신 비아를 불러오게 했다. 제우스는 그들에게 프로메테우스를 결박하여 그리스 저 동북 쪽 흑해 건너 솟아 있는 카우카소스 산 암벽에다 묶어 버려두라고 명령했다. 그리스 신화 속에 나오는 신들의 활동 범위는 지금의 그리스에 국한되지 않는다. 서쪽으로는 유럽 전체가 그들의 땅이고, 동쪽으로는 지금의 터키와 흑해 주변 지역 또 남쪽으로는 리비아, 이집트, 에티오피아 등 북아프리카에 걸쳐 넓게 퍼져 있다. 제우스가 황소로 변신하여 에우로페Europe를 등에 태우고 유럽 전체를 휘젓고 다닌 것은 유명하며, 이아손Iason으로 대표되는 아르고 호의 영웅들은 흑해의 가장 깊숙한 곳에 위치한 북방의 나라 콜키스Kolchis에 가서 황금양피, 즉 황금으로 된 양털 가죽을 얻은 후, 강줄기를 따라 유럽내륙으로 들어갔다가 지중해로 내려와서, 리비아 사막에 상륙해서는 배를 어깨에 짊어지고 걸어 광활한 사막을 통과한다. 바다로 나와서는 그 배를 다시 타고 크레테 섬을 거쳐 자신들이 떠났던 그리스 항구로 되돌아왔던 것이다. 신화의 공간은 이렇듯 광범위하다. 따라서 프로메테우스가 저 멀리 카우카소스 산에 묶인 것이 하나도 이상할 것은 없으며, 이 험준한 산악지대가 오히려 제우스가 죄인을 다스리는 데 적합한 곳이었을 것이다. 임금에게 대든 신하를 오지의 땅으로 귀양을 보낸 셈인데, 우리 선비들의 귀양살이는 프로메테우스처럼 쇠사슬에 묶여 있는 것은 아니지만, 여기 프로메테우스의 신세는 아주 참혹했다. 대장장이 신 헤파이스토스가 만들었기에 절대로 끊을 수 없는 쇠사슬에 묶인 채, 제우스가 보낸 독수리에게 날마다 간을 쪼아 먹히기 때문이다.

제우스가 처음부터 이런 잔혹한 벌을 내린 것은 아니다. 쇠사슬에 묶인 프로메테우스에게 제우스는 헤르메스를 보내어 프로메테우스만 알고 있는 제우스의 앞날에 대한 비밀을 털어놓으라고 협박과 회유를 한다. 그 비밀은 무엇에 관한 것인지 우리는 곧 알게 될 것이다. 프로메테우스가 이 비밀을 실토하는 것을 거부하자, 제우스는 독수리로 하여금 날마다 간을 쪼아 먹게 하는 가혹한 고통을 준 것이다. 독수리는 제우스의 상징이기도 하므로, 바로 제우스가 직접 고통을 주는 것과 마찬가지이다. 서양의 신화 관련 그림들을 보면, 늘 제우스 곁에 독수리가 보이는 것은 다 그런 이유인 것이다. 이 독수리에게 하루 종일 파 먹힌 프로메테우스의 간은 밤새 다시 돋아나 원상회복되어 다음 날 또다시 독수리의 먹이가 되었다. 프로메테우스는 아주 오랜 세월 이런 고통을 당했다. '미리 아는 자'라는 뜻의 프로메테우스는 자신이 얼마나 오랜 시간 이런 수모를 당하고 있을지도 알고 있었다. 프로메테우스는 신들과 영웅들의 세대로는 13세대 동안이요, 인간의 시간으로는 일만 년 동안 묶여 있게 될 것이라고 스스로 말했다. 프로메테우스는 카우카소스 산으로 찾아온 이오에게 그녀의 13세대 째에 나타나는 자, 그 자는 헤라클레스가 될 것이지만, 바로 그 13세대 째에 태어난 자로부터 구원을 받을 것이라고 예언했던 것이다. 이오의 9세대 째에 나타나는 다나에가 제우스와 결합하여 영웅 페르세우스를 낳고 페르세우스의 손녀인 알크메네는 제우스와 하룻밤을 지내 잉태하여 영웅 헤라클레스를 낳으니, 따져보면 이오로부터 정확하게 13세대인 것이다.

그리스의 영웅 이아손이 콜키스의 왕 아이에테스로부터 황금양피를 찾기 위하여 그가 시키는 대로 불을 뿜는 황소를 부려서 밭을 갈아야 했는데, 이는 인간의 몸으로 불가능한 것이었다. 그러나 그를 사랑하는 아이에테스의 딸 메데이아가 이아손에게 몸에 바르라고 신기한 약을 준다. 이 약을 바르면, 불로부터 피부가 보호되고 타지 않기 때문에 그 불을 뿜는 황소와 겨룰 수 있는 것이었다. 이 마법의 약은 바로 프로메테우스가 흘린 피에서 자란 약초의 뿌리에서 얻은 것이다. 콜키스는 프로메테우스가 묶여 있는 카우카소스 산기슭에 있는 나라이기 때문에 메데이아가 접근할 수 있었던 것이다. 이아손을 비롯한 55인의 그리스 영웅들이 탄 아르고 호가 카우카소스 산맥이 바라보이는 흑해 변에 다다르자, 프로메테우스의 고통 받는 외침 소리가 들리고 머리 위로 프로메테우스의 간을 쪼아 먹는 독수리가 날아간다. 아폴로니오스는 『아르고 호의 모험』에서 그 모습을 이렇게 그려내고 있다.

"항해한 지 얼마 되지 않아 벌써 흑해의 가장 후미진 곳이 그들의 시야에 들어왔다. 그 뒤로 카우카소스 산맥의 가파른 정상이 솟아올랐다. 그 산은 프로메테우스가 절대로 끊어지지 않는 쇠사슬로 단단한 바위에 묶인 채, 독수리에게 계속 쑥쑥 돋아나는 간을 쪼아 먹힌 곳이다. 그들은 이 독수리가 밤사이 구름을 가르며 배 위를 날아가는 것을 보았다. 이 독수리가 날개를 퍼덕이며 지나가자, 돛이 심하게 흔들렸다. 독수리는 하늘을 나는 새의 모습이 아니었다. 독수리의 빠른 날개는 마치 윤기 나는 노 같았다. 그 후 얼마 지나지 않아 간을 쪼아 먹히는 프로메테우스가 지르는 단말마의 비명소리가 들려왔다. 그의 비명소리는, 간을 파먹던 거친 독수리가 다시 산을 출발하여 똑같은 길로 되돌아가는 것이 감지될 때까지 대기에 가득 울려 퍼졌다."

제우스와 프로메테우스의 대립

참으로 처참한 모습이다. 그렇다면, 우리가 조금 전에 질문을 던졌듯이, 제우스가 프로메테우스를 벼락으로 치지 않고 왜 이렇게 묶어놓고 고통만 주는 것일까? 이것을 이해하기 위하여, 그리고 좀 더 실감나게 접근하기 위하여 신화 작가 이윤기가 『그리스 로마 신화』에서 각색한 장면, 제우스가 프로메테우스를 심문하는 장면부터 읽어보도록 하자.

"제우스 신이 프로메테우스를 벌하기 위해 신전으로 내려온 것은 밤이었다. 그는 올림포스 신들을 나란히 둘러 세운 뒤 프로메테우스를 몸소 심문했다.

'이아페토스의 아들 프로메테우스야! 정신이 바로 박힌 신들을 수시로 구역질 나게 만드는 반골아, 네가 나를 위하여 공을 세웠다고는 하나 이제 나는 너에게 빚을 진 비가 없다. 네가 나에게 빚을 지고 있을 뿐이다.'

제우스가 이렇게 말하자, 프로메테우스가 하늘을 올려다보면서 자비를 비는 시늉을 했다.

'크로노스의 아들 제우스 신이시여……'

'그만 두어라, 족보를 따져 연줄을 대려고 하느냐? 네 죄나 네 입으로 변명해 보아라.'

'하늘 우라노스와 대지 가이아의 직계 자손이신 제우스 신이시여.'

'너도 하늘 땅 신들의 직손이 아니냐. 네 죄나 네 입으로 변명해 보아라.'

'장차 이 프로메테우스가 아니고는 으뜸 신 자리를 유지하기 어려운 제우스 신이시여.'"

바로 이 말, "장차 이 프로메테우스가 아니고는 으뜸 신 자리를 유지하기 어려운 제우스 신이시여."라는 프로메테우스의 말은 무슨 뜻일까. 이것은 프로메테우스 자신의 도움이 아니면, 제우스가 올림포스 산에 거처하며 천상의 신으로 계속 있을 수 없다는 엄청난 협박인 것이다. 나의 도움이 아니면 요즘 정치 용어로 일종의 쿠데타가 벌어질 것이고, 내가 그것을 미리 막을 수 있다는 의미이다. 지금 제우스로부터 심문을 받고 있는 프로메테우스가 반대로 협박하는 것인데, 그렇지만 그것은 거짓 협박이 아니었다. 이미 위에서 살펴보았듯이, 제우스는 자기 아버지 크로노스를 무한 지옥에 가두고 크로노스의 시대에 종말을 고하게 했으며, 크로노스 또한 자기 아버지 우라노스를 거세하고 반역했다. 바람둥이 제우스도 장차 어느 여신들 혹은 어느 인간 여자들 사이에 태어난 아들이 자신을 반역할지 몰라 은근히 걱정하고 있었고, 그런 아들을 태어나게 할 여신 혹은 여자가 누구인지 매우 궁금해 했던 터이다. "언젠가는 제우스도 그 아들 손에 당하리라."는 대지의 여신 가이아의 말도 있었기에 더욱 그러했던 것이다. 제우스는 자신을 배신할 아들을 낳을 어미가 누구인지 프로메테우스는 알 수 있을 것이라고 믿었다. 그야말로 제우스는 모르는 것, 그런데 '먼저 아는 자'라는 뜻의 프로메테우스만 아는 것, 그것은 향후 올림포스 산을 뒤집어엎을 중대한 비밀이었다. 그러니, "장차 이 프로메테우스가 아니고는 으뜸 신 자리를 유지하기 어려운 제우스 신이시여."라는 프로메테우스의 무시무시한 협박에 제우스는 할 말을 잊은 것이다. 그래서 제우스는 불벼락으로 쳐서 프로메테우스를 신들의 세계에서 사라지게 하는 대신, 산에 묶어놓고 고통을 주며 그 비밀을 실토하도록 하는 것이 낫다고 판단한 것이다. 그동안 자신을 배신할 아들을 낳을 어미가 누구인지 알기 위하여, 제우스는 전령 신 헤르메스를 수없이 카우카소스 산으로 보내 프로메테우스를 협박하기도 하고 회유해 보기도 했다. 그렇지만, 가혹한 사슬에서 풀려나기 전까지는, 결코 올림포스의 비밀을 털어놓지 않을 것이라고 프로메테우스는 결심한다.

"내 비록 족쇄에 꼭꼭 묶여

수모를 당하고 있지만, 축복받은 신들의 우두머리가

나를 필요로 하는 날이 반드시 올 것이오.

그의 왕홀과 왕위를 빼앗게 될

새 음모를 내가 그에게 밝혀 주도록 말이오.

그때는 꿀처럼 달콤한 설득의 말로도

그는 나를 호리지 못할 것이며, 나도 결코

그의 무서운 위협에 굴복하여 그것을 그에게

알려주지 않을 것이오. 그가 가혹한 사슬에서

나를 풀어 주고 이런 모욕에 내하여

대가를 지불하려 하기 전에는."

피를 흘리는 고통 속에서 프로메테우스가 제우스의 강압을 버텨내는 동안 인간은 황금시대를 누렸다. 프로메테우스의 인간사랑은 이런 고통을 딛고 성취되는 강렬한 것이었다. 제우스가 프로메테우스를 심문할 때도 그 불을 훔쳤다는 사실보다는 훔쳐서 인

〈결박당한 프로메테우스〉, 야콥 요르단스, 1640년경
캔버스에 유채, 245x178cm
쾰른 빌라프 리하르츠 박물관 소장

간에게 갖다 주었다는 점을 프로메테우스의 더 큰 죄로 여겼던 것이다. 그는 제우스의 협박과 회유에 굴복하지 않은 저항 정신의 상징으로 자리 잡는다. 그러나 프로메테우스 신화에 대한 상반된 해석을 보면서 신화의 의미를 가늠해 보자. 프로메테우스와 제우스의 대립은 그리스 비극 작가인 아이스킬로스의『결박당한 프로메테우스』에서 표현되어 있는 것처럼, 인간과 신, 약자와 강자, 정의와 불의의 대립으로 볼 수 있다. 신들 중 유일하게 아주 당당히 제우스를 비난하고 대항하는 모습이 여기에 잘 그려져 있는 것이다.『신통기』의 작가 헤시오도스는 프로메테우스를 오히려 사악하고 교활한 자로 묘사하기도 한다. 헤시오도스는 인간에게 문명을 가져다 준 것이 오히려 제우스가 통치하는 자연에 대한 도전이고 반문명적이라는 것이다. 문명은 인간의 삶을 안락하고 윤택하게 만들지만, 자연의 상실에서 오는 인간성의 파괴가 수반된다는 것이다. 인류가 황금의 시대에서 철의 시대로 이어져 내려오면서 문명은 발전하지만, 인간의 심성은 약해지고 사악해졌다는 것이다. 종국에 가서는 신의 심판이 기다리고 있다는 것인데, 따라서 프로메테우스는 역사의 퇴보를 안겨다 준 자라는 것이다. 프로메테우스에 대한 헤시오도스의 부정적인 평가에는 그의 가치관과 역사관이 깔려 있다. 평생 농부로 살았고, 땅과 친숙한 그는 친자연적이고 반문명적인 시각으로 세상과 인간을 바라보았던 것이다. 노동에 대한 예찬이 담겨 있고, 그 경험에서 얻은 여러 가지 도덕적이며 실천적인 교훈을 담고 있는 교훈시『노동과 나날』을 보면 그것을 잘 알 수 있다. 그렇지만 분명한 것은 프로메테우스가 티탄 신이면서도 인간의 편에 서서 문명의 불을 가져다주었고, 눈 덮인 카우카소스 산맥의 어느 바위 덩어리에 묶여 처참한 고통을 견뎌내고 있을 때, 인간의 문명은 매우 발전하여 황금시대를 구가했다는 점이다. 제우스가 악이고 프로메테우스가 선이라는 이분법적인 구도는 너무 단순하지만, 결코 프로메테우스가 교활하다고 말할 수 없을 것이다. 그의 인간사랑은 인간이 할 수 없는 신의 경지, 아니 그가 이미 신이므로 신이 할 수 있는 인간 사랑의 표본이라고 말할 수 있다. 그리스 신화를 대체하게 되는 기독교에서 십자가에 못 박혀 죽었다 부활한 예수의 모습과 미천한 인간들에 대한 예수의 무한한 은총을 연상시키는 그리스 신화의 유일한 신이라고 말할 수 있다.

05 신과 인간의 사랑

〈펠레우스와 테티스의 결혼식〉(부분), 코르넬리스 반 하를렘, 1593년
캔버스에 유채, 246x419cm
하를렘 프란스 할스 미술관 소장

프로메테우스를 구출한 헤라클레스

다시 산에 묶여 있는 프로메테우스로 돌아가 보자. 제우스를 배신할 아들이 어느 어미 배에서 나올지 알려달라는 헤르메스의 수없는 간곡한 부탁과 회유와 협박에도 끄떡하지 않던 프로메테우스는 굳게 닫힌 입을 열고 그 어미의 이름을 알려준다.

"테티스Thetis. 그 여신이 바로 아버지를 능가하는 아들을 낳게 되어 있도다."

프로메테우스가 헤르메스에게 그 이름을 댄 것은 인간이 3천년 동안 황금시대를 누리는 데 크게 마음이 누그러졌기 때문이라는 자도 있고, 헤라클레스가 활로 프로메테우스의 간을 파먹는 독수리를 죽이고 그를 해방시킨 이후에 털어놓은 것이라는 자도 있다. 그러나 후자의 견해가 더 유력한 것은 프로메테우스가 자신이 풀려나기 전에는 결코 이 비밀을 말하지 않겠다고 했기 때문이다. 아이스킬로스의 「결박당한 프로메테우스」를 보면, 프로메테우스가 방랑하다 자신을 찾아온 이오에게 헤라클레스에 의해 풀려날 것이라는 예언을 전하고 있다.

"처녀들 가운데 한 명 만이 사랑에 홀려 자신의 동침자를
죽이지 못하고, 계획이 무디어지고 말 것이오.

바로 그녀가 아르고스에 왕족을 낳아주게 될 것이오.

이 씨앗으로부터 대담하고 활로 유명한 자가 태어나

나를 이 고난에서 풀어주게 될 것이오.

그런 신탁을 옛날에 태어나신 나의 어머니가,

티탄 신족인 테미스가 나에게 알려주셨소."

프로메테우스의 말 중에서 "처녀들 가운데 한 명"이란 다나오스Danaos의 딸 히페름
네스트라Hypermnestra를 말한다. 다나오스의 딸들은 50명이 있었는데, 다나오스와 쌍
둥이 형제인 아이깁토스Aigyptos도 50명의 아들이 있었다. 나중에 그들이 왕위를 다투
자 다나오스는 아이깁토스의 아들들이 두려워 아테네 여신의 조언에 따라 배를 건조한
다음 딸들을 태우고 아이깁토스를 떠나 그리스 아르고스로 도망쳤다. 아이깁토스란 지
금의 이집트를 말한다. 아이깁토스는 멜람포데스족의 나라를 정복하여 자기 이름을 따
아이깁토스라고 불렀던 것이다. 즉 다나오스는 이집트에서 그리스로 배를 타고 도망 온
것이다. 당시 아르고스를 다스리던 겔라노르가 다나오스에게 왕위를 물려주었고, 그는
나라를 장악한 뒤 그 주민들을 자기 이름을 따 다나오스인들이라고 불렀다. 아이깁토
스의 아들들은 아르고스로 가서 다나오스한테 적대감을 풀 것을 권하며 그의 딸들과
결혼할 수 있게 해 달라고 간청한다. 아직도 그들을 불신하고 자기가 추방된 것에 원한
을 품고 있었던 다나오스는 이들과 딸들의 결혼을 허락하면서 엄청난 거사를 꾀한다.
즉 딸들에게 결혼 첫날밤 남편들이 깊이 잠에 빠졌을 때, 그들을 모두 칼로 찔러 살해하
라고 것이었다. 모든 딸들은 아버지의 지시에 따라 숨겨둔 칼로 남편들을 죽였지만, 가
장 큰 딸인 히페름네스트라만은 멋진 남자인 린케우스Lynkeus를 차마 죽이지 못했다.

그날 밤 자신의 몸을 건들지 말고 그냥 처녀성을 유지하도록 해 달라는 조건을 달고 린케우스를 살려주었던 것이다. 그 후에 그들은 정식으로 다시 결혼하여 몸을 섞는데 여기서 태어난 자식이 아르고스 왕족이 되며 이 자손으로부터 먼 훗날 "대담하고 활로 유명한 자" 즉 헤라클레스를 낳게 되는 것이다. 한편 남편들을 모두 첫날밤에 칼로 찔러 죽인 다나오스의 딸들은 사후에 저승세계에서 밑 빠진 독에 영원히 물을 부어야 하는 가혹한 형벌을 받게 된다. 아폴로도로스는 헤라클레스가 프로메테우스를 구출하는 장면을 이렇게 묘사하고 있다.

"헤라클레스는 맞은 편 육지로 건너가 카우카소스 산에서 아키드나와 티폰의 자식으로서 프로메테우스의 간을 먹고 있던 독수리에게 화살을 쏘았다. 그리고 그는 자신을 위해 올리브 나무 족쇄를 택한 다음 프로메테우스를 풀어주고는 프로메테우스 대신 죽기를 자원하는 불사자로서 케이론을 제우스에게 소개했다."

아폴로도로스보다 훨씬 앞선 기원전 8세기 작가 헤시오도스는 이렇게 기록하고 있다.

"복사뼈가 예쁜 알크메네의 8 맹스런 아들
헤라클레스가 독수리를 죽여, 이아페토스의 아들을 사악한 재앙에서 구해주고 고뇌에서 벗어나게 해주었다.
높은 곳에서 다스리시는 올림포스의 주인이신 제우스께서 이를 마다하지 않으셨던 것은 테베 출신인 헤라클레스의 명성이 많은 것을 양육하는 대지 위에서 전보다 더욱 더 커지게 하시려는 것이었다.

바로 이런 이유에서 그분께서는 당신의 걸출한 아들을 존중하고 명예를 높여주셨으며, 또 비록 화가 나셨으나 프로메테우스가 막강하신 크로노스의 아드님과 지혜를 다투려 했기에 전에 그에게 품었던 노여움을 푸셨던 것이다."

　이 기록에서 보듯이, 프로메테우스를 풀어준 자가 헤라클레스였기에 제우스는 화를 내지 않았고 또 프로메테우스를 받아들였던 것이다. 헤라클레스는 제우스의 아들이고, 제우스의 명예를 지상에서 드높인 자이기 때문에, 헤라클레스가 풀어준 것은 결국 제우스의 뜻으로 보아야 한다. 헤라클레스에 대한 제우스의 기대와 사랑은 대단했으며, 헤라클레스가 죽어 육신이 다 불타버린 후에도 그를 천상으로 불러들여서 불멸의 신과 나란히 앉게 했던 것은 그 때문이었다. 영웅이 신으로 승격된 것은 헤라클레스가 유일하다.

　어쨌든 올림포스의 최대의 비밀은 알려졌다. "테티스"라는 답을 듣고 제우스는 깜짝 놀라 가슴을 쓸어내렸다. 제우스는 늘 테티스의 미모를 보고 언제 그녀에게 접근할까 생각 중이었기 때문이다. 제우스가 이오를 사랑하여 그리스 여러 가문이 탄생되고, 또 다나에 혹은 알크메네에게 씨를 뿌려 불후의 영웅들이 탄생되었지만, 만약 테티스와 사랑하여 아이를 낳았다면, 그 아이는 성장하여 제우스를 치고 새로운 올림포스의 왕이 되었을 것이다. 그런데 프로메테우스가 미리 그 아이를 낳게 될 여신이 테티스라는 것을 알려줌으로써, 제우스는 권좌를 영원히 유지할 수 있었던 것이다. 그렇다면, 테티스는 누구인가? 테티스는 바다의 신 네레우스Nereus와 도리스Doris 사이에서 태어난 50명 혹자는 100명이라고도 하는 그 많은 딸들, 즉 네레이데스Nereides 중 한 명이다. 옛날 제우스의 씨를 받지 않고 헤라가 홀로 낳은 헤파이스토스를 제우스가 미워하여 발로 걷어차 올림포스 산에서 렘노스 섬으로 떨어뜨려 버렸을 때, 헤파이스토스를 받아준 여신이 바로 테티스였다. 또한 헤라가 그녀의 유모이기도 하였다. 이런 연유로 헤라와 좋은 관계인 바다의 여신 테티스는 제우스의 사랑이 아무리 거세다 하더라도 받아들일 수 없었던 것이다. 그런데 제우스뿐 아니라, 바다의 으뜸 신 포세이돈도 테티스를 탐내던 중이었다. 헤르메스로부터 테티스가 아버지를 능가할 아들을 낳을 것이라는 말을 전해들은 제우스와 포세이돈은 테티스를 포기하고, 테티스를 신이 아닌 인간 펠레우스Peleus와 결혼토록 한다. 테티스의 남편 펠레우스는 아르고 호를 타고 콜키스에서 황금양피를 찾아오는 55인의 영웅들 중의 한 사람이며, 장차 트로이아Troia 전쟁의 영웅이 되는 아킬레우스Achilleus의 아버지가 된다. 즉 테티스는 펠레우스와의 사이에서 저 유명한 아킬레우스를 낳은 것이다. 아킬레우스는 인간 아버지인 펠레우스의 피를 받고 태어났어도 후에 트로이아 전쟁의 영웅일진대, 만약 그가 천상의 신 제우스를 아비로 두었다면 필경 올림포스를 뒤엎을 빛나는 신, 무시무시한 신이 되었을 것이다. 프로메테우스의 말에 겁을 먹은 제우스는 테티스를 부인으로 삼아 아들을 잉태시키는 과오를 범하지 않고, 그녀를 인간 펠레우스와 결혼시킴으로써, 자신의 파멸을 아슬아슬하게 피한 것이다. 결국 아킬레우스는 제우스의 핏줄을 받은 신이 아니라, 인간 펠레우스의 핏줄을 받고 태어났기에, 전쟁에서 죽음을 맞이하게 되는 것이며, 제우스는 계속 올림포스를 지배하는 천상의 신으로 남을 수 있었던 것이다. 제우스는 이렇게 하여 올림포스의 우환을 없앴을 뿐 아니라, 결과적으로 트로이아 전쟁을 통해, 아킬레우스를 포함하여 신들에게 대드는 인간 세상의 영웅들의 씨를 말리는 데 성공한 것이다. 영웅들이 소멸되는 아르고 호의 원정대, 두 차례에 걸친 테베 전쟁 그리고 트로이아 전쟁에 대하여 그 원인과 과정 그리고 결말을 살펴보고, 신화 속에서 갖고 있는 그 의미를 찾는 것은 매우 중요한 일이 될 것이다.

인류 최초의 여성 판도라

제 우스 몰래 프로메테우스가 회향 풀 줄기 속에 불을 넣어 인간에게 갖다 주었
을 때, 제우스는 분노하여 이렇게 말했다.

"이아페토스의 아들이여, 어느 누구보다도 꾀가 많은 자여,

그대는 불을 훔치고 나를 속이고는 좋아하고 있구려.

하나 그것은 그대 자신에게도 후세의 인간들에게도 큰 화가 되리라.

나는 불의 대가로 그들에게 재앙을 줄 것인즉,

그들은 모두 자신들의 재앙을 껴안으며 마음속으로 기뻐하게 되리라."

그리고 나서, 제우스는 손재주 좋은 대장장이 신 헤파이스토스에게 명하여 물로 흙을
개어 그 안에다 인간의 목소리와 힘을 넣되 불사의 여신들의 얼굴을 닮은 아름답고 사
랑스런 여인을 만들게 하였다. 이렇게 하여 태어난 인류 최초 여인에게 제우스는 '모든
선물을 받는 자'라는 의미의 '판도라'라는 이름을 주었다. 제우스는 불을 훔친 인간들을
징벌하기 위하여 판도라라는 여자를 만든다고 했는데, 왜 여자가 인간들에게 재앙을 갖
다 주는 것일까? 그리스 신화는 남성 중심적이다. 모계중심 사회에게 부계 중심 사회로
옮겨갈 때의 이야기이고, 더 나아가 가부장적인 힘과 폭력이 드세어지는 모습을 신화 곳

곳에서 볼 수 있다. 최근 페미니스트들이 그리스 신화 속의 여성들에 대하여 재조명하고 나선 것은 신화의 이런 성격 때문이고, 지금까지 신화 해석도 남성 중심이었다는 판단에서 비롯된다. 우선 제우스는 만들어진 인류 최초의 여자 판도라에게 아테네를 시켜서 수공을 짜는 법을 가르쳐 주도록 했고, 아프로디테에게 명하여 그녀의 가슴 속에 매력과 사랑에 대한 그리움과 일상사에 대한 상념을 넣도록 했으며, 헤르메스로 하여금 교활한 기질을 넣어 주었다. 이렇게 보면, 외모는 여신처럼 아름답고 고운 베를 짤 수 있는 수공의 기술을 지녔지만, 마음속에는 그렇게 고귀한 성격이 부여되지 않았음을 우리는 알게 된다. 이 판도라를 제우스는 프로메테우스의 동생인 에피메테우스에게 선물로 준다. 프로메테우스가 불을 훔친 죄로 쇠사슬에 묶여 카우카소스 산에 쫓겨나기 전, 동생 에피메테우스에게 절대로 제우스의 선물을 받지 말고 다시 돌려주라고 당부했지만, '나중에 아는 자'라는 뜻의 에피메테우스는 이 말을 깨닫지 못하고 제우스로부터 판도라를 받아 아내로 삼았고, 재앙을 당한 후에야 자신의 잘못을 알아차리게 된다. 에피메테우스는 판도라가 너무 아름다워 형의 경고를 잊고 덥석 판도라를 품에 안았지만, 그것은 제우스의 완벽한 속임수였던 것이다. 인간에게 갖다 준 불의 축복에 대한 제우스의 벌이었기 때문이다. 이 시대까지만 해도 여성은 불행의 시작이었던 것이다. 헤시오도스는 분명히 이렇게 말하고 있다.

"판도라에게서 여자들의 종족이 비롯되었는데,
남자들과 함께 살 때에는 그들은 인간들에게 큰 고통이다."

그렇다고 신화가 모두 여성을 비하하고 있는 것은 아니다. 여신들의 엄청난 노력과 활동으로 신화의 세계가 매우 균형 잡혀 있으며 영웅들의 업적들도 여신들의 도움이 없었다면 불가능했다. 물론 여기서 판도라는 여신이 아니라 인간 여성이니 다를 수는 있겠으며, 이 부분에 와서 최근 여성학자들이 문제 제기를 하는 것이다.

판도라가 세상에 오기 전에는 인간의 종족은 지상에서 재앙과는 관계없는 안락한 생활을 하였으며, 힘겨운 노동도 할 필요가 없었으며, 병도 없이 아주 행복하게 살고 있었다. 판도라가 아내로 거처하는 에피메테우스의 집에는 항아리가 하나 있었다. 이 항아리 안에는 세상의 나쁜 것들이 모두 다 들어 있었다. 그것을 열면 그 나쁜 것들이 세상으로 다 나올 테니 열면 안 되는 것이었다. 지금까지의 인류에게는 필요 없는 것들이어서 에피메테우스가 항아리 속에 넣어 보관하고 있었고, 새로 집에 시집온 아내 판도라에게 그것을 절대로 열면 안 된다고 당부했던 것이다. 프로메테우스와 에피메테우스 형제가 인간 및 세상의 모든 생명체들을 창조하면서 나쁜 것들은 따로 모아 항아리에 넣어 두었던 것이다. 그런데 이 점에 관해서는 후대의 신화에 다르게 나오기도 한다. 즉 항아리가 에피메테우스 집에 보관되었던 것이 아니라, 제우스가 판도라에게 주었다는 것이다. 제우스는 판도라에게 그것을 건네주며 집 안에 잘 놔두고 절대로 열어보지 말라고 했는데 그것은 인간의 호기심을 이용한 술책이었다는 것이다. 분명히 판도라가 열어볼 것이라는 것을 제우스는 간파하고 있었던 것이다. 에피메테우스 든 제우스 든 간에 판도라는 절대로 이 항아리의 뚜껑을 열지 말라는 당부를 받았지만, 호기심 많은 판도라는 궁금증을 삭이지 못하고 결국 뚜껑을 열어 항아리 속을 들여다보았다. 그 순간 인간들의 몸과 마음 그리고 인간들의 삶에 나쁜 것들이 항아리로부터 나와 사방팔방으로 흩어졌다. 무수한 재난들, 온갖 육체적 병들, 질투, 원한, 복수심 같은 사악한 마음들이 다 나와 온 세상으로 날아가 퍼졌던 것이다. 판도라는 놀라서 황급히 항아리의 뚜껑을 닫았지만, 이미 소용없는 일이었다. 그야말로 엎질러진 물인 것이다. 곧바로 뚜껑이 닫히는 바람에 오직 '희망'이란 것만이 빠져 나오지 못하고 그 항아리 안에 남게 되었는데, 판도라로 하여금 인류에게 재앙을 갖다 주리라는 제우스의 뜻은 이렇게 관철되었다.

이 세상에는 희망도 갇혀버린 셈이다. 과연 누가 판도라의 그 항아리를 다시 열어 희망을 세상에 퍼뜨릴지 그것은 우리의 몫일 것이다. 그런데 헤시오도스에는 분명히 '항아리'라고 쓰고 있지만, 후대 신화이야기꾼들에 의해 항아리가 상자로 바뀐다. 따라서 우리는 판도라가 호기심에 겨워 열어 제친 이 항아리를 '판도라의 상자'라고 부르게 되는 것이다. 이 장면을 헤시오도스는 『노동과 나날』에서 이렇게 기술하고 있다.

"하나 여자가 두 손으로 항아리의 뚜껑을 들어올려, 그것들을
모두 내 보내니 그녀는 인간들에게 큰 근심을 안겨주었던 것이오.
오직 희망만이 거기 부술 수 없는 집 안에,
항아리의 가장자리 안에 남고 밖으로 날아가지 않았으니
그러기 전에 여자가 항아리의 뚜껑을 도로 놓았기 때문이오,
아이기스를 가지신 구름을 모으시는 제우스의 뜻에 따라.
하나 그 밖의 무수히 많은 고통들은 인간들 사이를 떠돌고 있소.
그리하여 육지도 재앙으로 가득 찼고 바다도 재앙으로 가득 찼소.
이렇듯 제우스의 뜻은 피할 길이 없는 것이오.

"아이기스를 가지신 구름을 모으시는 제우스"라는 말에서, 아이기스Aigis란 제우스의 염소 가죽 방패로 적군을 놀라게 하고 아군을 보호하기 위하여 그 가장자리는 뱀의 머

리들로, 그 한가운데는 보는 이를 돌로 보이게 하는 괴물 메두사의 머리로 장식되어 있다. 후에 나오는 신화 이야기에서는 아테네 여신이 이 방패를 들고 다닌다. "구름을 모으시는 제우스"란 천둥과 번개를 일으켜 징벌하는 제우스의 능력과 모습을 말하는 것으로 신화 이야기에서 제우스 앞에 종종 따라 붙는 수식어이다. 프로메테우스가 금지된 불을 훔쳐냄으로써 제우스로부터 처절한 고통을 당하고, 제우스가 여성 판도라를 만들어 그녀로 하여금 인간 세상에는 온갖 나쁜 것들이 퍼져나가도록 한 것은 분명 인간들이 지상 낙원으로부터 추방되었음을 의미한다. 기독교에서 아담과 이브가 금지된 선악과를 땄기 때문에 에덴의 동산에서 추방되었듯이, 그리스 신화에서도 문명에 대하여 인간이 인식하는 순간, 그리고 인간의 의지가 자연에 혹은 신의 의지에 개입하는 순간, 하늘이 내린 낙원의 세상은 사라지는 것이다. 그리스 신화에서 그 낙원은 '엘리시온'이라고 불리는데, 기독교에서 우리가 회개하고 하느님의 구원을 받아 극락세계로 갈 수 있듯이, 그리스 신화에서도 그것이 가능한 길을 한 구석 열어놓고 있다. 반은 신의 피를 받고 받은 인간의 피를 받아 태어난 그리스 영웅들은 사후에 그 엘리시온의 낙원에서 살고 있기 때문이다. 엘리시온에 이르기 위해서는 먼저 망각의 강 '레테'를 건너야 한다. 레테 강을 건너면 이승의 모든 행·불행을 다 잊는다. 이제 이승의 추억 때문에 괴로워하는 일도 없다. 망각의 강 너머 펼쳐지는 벌판에서 길을 잘 선택해야 한다. 왼쪽으로 가면 무한지옥 타르타로스가 나오고 오른쪽으로 가야 극락의 벌판인 엘리시온이 나오기 때문이다. 그렇지만 어느 길로 가느냐가 망자의 의지에 따라 정해지는 것은 아닐 것이다. 무한 지옥으로 떨어지느냐 아니면 엘리시온의 벌판으로 초대되느냐 하는 것은 전적으로 각자의 몫인 것이다.

19세기 신화학자 토마스 벌핀치가 있다. 우리나라에 소개되는 그리스 신화는 거의 모두 그의 저서로부터 온 것인데, 그 벌핀치는 로마 시인 베르길리우스가 묘사하고 있는 엘리시온에 대하여 우리에게 이렇게 전하고 있다.

"베르길리우스는 엘리시온이 지하세계에 있는, 축복받은 사람들의 영혼이 영원히 사는 곳이라고 쓰고 있다. 이 행복의 나라, 극락의 들판에는 눈도 비도 오지 않는다. 추위도 더위도 없다. 늘 서풍이 산들산들 분다. 신의 은총을 입은 사람들의 영혼은 죽음이 없는 이 땅에서 공정한 재판관으로 이름 높은 라다만티스의 지배 아래 살고 있다."

저승에는 아야코스, 미노스, 라다만티스 같은 공정한 재판관이 있어서 이들은 혼령을 재판하여 착한 혼령은 엘리시온으로 보내고 악한 혼령은 무한지옥으로 보냈던 것이다.

에로스와 프시케의 사랑

여성의 호기심과 상자에 얽힌 또 하나의 신화로 에로스Eros와 프시케Psyche의 사랑 이야기가 있다. 우리는 '에로스'라는 말을 '사랑'이라고 이해하고 있다. 그것도 정신적인 사랑이 아니라, 종종 육체적인 사랑을 의미하는데, 그 에로스는 본래 아름다움의 여신인 아프로디테의 아들이다. 에로스와 프시케의 사랑 이야기가 기원전 2세기 로마 작가 아풀레이우스Apuleius가 쓴 『황금 나귀』에 나오는데, 이것은 그리스 정통 신화라기보다는 후대 신화이야기꾼인 아풀레이우스가 신화의 인물을 등장시켜 민담처럼 묘사한 이야기라고 볼 수 있다. 왜냐하면 여기서 아프로디테는 아들 에로스의 연인 프시케를 질투하며 그녀에게 마치 헤라가 헤라클레스에게 12가지 과업을 주었듯이, 하기 어려운 4가지 과제를 던지며 그녀를 못살게 구는데, 이것은 빼어난 미로 모든 이를 유혹할 수 있었던 아프로디테가 늙어 이제 아들의 연인을 구박하는 천박한 여인으로 위상이 추락되어 나오기 때문이다. 또한 에로스가 성장한 미소년으로 나오는 것은 오직 이 이야기에서 뿐이기에 더욱 그러하다. 다른 모든 신화에서 에로스는 늘 날개달린 어린 아이 모습으로 어머니 아프로디테의 곁을 따라 다니며 남들의 사랑놀이를 즐기는 장난꾸러기로 나오고 있을 뿐이다.

에로스와 사랑에 빠진 프시케는 누구인가? 그녀는 어떤 왕의 막내딸로서 아름답기 그지없는 처녀였다. 너무 아름다워서 주변 나라 모든 왕자들이 모여들어 그녀를 보고자 했고, 많은 이들이 그녀의 미에 찬사를 아끼지 않았다. 사람들은 아프로디테보다도 더 아름답다고 수군거리기도 했을 것이다. 그러니 미의 여신 아프로디테의 신전에 사람들의 발길이 뜸해지기 시작했다. 아름다움이라면 둘째가라도 서러워 할 아프로디테의 마음이 얼마나 상했는지는 쉽게 짐작할 수 있다. 자의가 아니더라도 신이란 인간의 도전을 용서하지 않는 법이다. 프시케를 미워할 수밖에 없는 아프로디테는 아들 에로스를 불러 이렇게 일을 시킨다. 프시케의 어깨에 금 화살을 맞혀서 프시케가 이 세상에서 가장 비천한 수컷을 그리워하다 상사병으로 죽게 하라는 것이었다. 에로스의 금 화살을 맞으면 누구나 사랑의 유혹을 견디지 못하는 법이다. 이 에로스의 화살로 인하여 벌어지는 신화의 주요 테마는 아주 많다. 예컨대, 아리아드네가 테세우스와 사랑에 빠진 것도, 이아손과 메데이아의 사랑도 모두 에로스의 화살로 인한 것이었다. 어머니의 단호한 부탁을 받은 에로스는 지체 없이 프시케에게 날아갔다. 아름다운 프시케는 아무 것도 모른 채 깊이 잠들어 있었다. 에로스는 프시케의 곁에 바싹 앉았다. 그녀의 미는 정말 대단했다. 이제 쓸모없는 상사병으로 죽게 될 그녀가 불쌍하다는 생각도 들었다. 그렇지만 에로스는 어머니의 지시를 이행하지 않을 수 없는 것이다. 이제 화살을 그녀의 어깨에 살짝 찔러 약간의 독만 몸에 들어가게 하면, 그녀는 헛된 상사병에 걸리게 될 것이다. 화살을 살짝 그녀의 어깨에 대는데 그 화살촉을 느꼈던지 프시케는 갑자기 눈을 뜨고 에로스 쪽을 바라보았다. 물론 에로스는 인간 프시케의 눈에 보이지 않는다. 그럼에도 그녀의 아름다운 모습에 긴장되어 있던 에로스가 놀라 자신이 들고 있던 화살촉에 오히려 자신의 손가락이 찔리고 만다. 그러면 어떻게 될까? 이제 상사병에 걸린 것은 반대로 에로스가 되어 버린 것이다. 따라서 에로스는 프시케를 서풍의 신 제피로스를 통하여 자신이 마련한 숲 속의 궁전으로 오게 한 후, 그녀에 대한 사랑에 빠져 매일 밤 그녀의 침실을 찾아간다.

　행복한 프시케를 질투하기 시작한 그녀의 언니들이 이렇게 말한다. "매일 밤 네 방에 오는 신랑이 아마 괴악하고 요사스런 뱀일지도 몰라. 그러니 등잔과 낫을 구해 놓고 있다가 남편이 밤에 또 나타나면 그 등잔불을 켜서 확인해 보고 추호도 망설이지 말고 낫으로 목을 쳐라." 이렇게 계속 동생 프시케에게 말을 했던 것이다. 사실 어두운 밤에 다가와 사랑하고 동 트기 전에 떠나는 남편의 모습을 프시케는 한 번도 본 적이 없기 때문에 언니들의 그 말에 처음엔 말도 안 된다고 생각했지만, 차츰 의심이 들기 시작했다. 그 의심이 더욱 커지고 결국 억누를 수가 없게 된 어느 날 밤, 프시케는 언니들의 말대로 등잔과 낫을 준비하고 남편을 기다렸다. 에로스는 그날 밤도 사랑에 겨워 프시케를 찾아갔다. 뜨거운 사랑을 마치고, 두 사람은 잠이 들었다. 프시케는 잠든 척 한 것이다. 그녀는 살짝 일어나 등잔불로 남편을 비추니 뱀이기는커녕 멋진 모습의 미소년이었다. 바로 사랑의 신 에로스였던 것이다. 너무 놀라 더 자세히 보려고 등잔을 에로스의 얼굴에 바싹 갖다 대는 순간, 등잔의 뜨거운 기름방울 하나가 에로스의 몸에 떨어졌다. 기름방울 때문에 잠이 깬 에로스는 자신을 의심한 프시케에 대하여 깊이 실망하고 말 한마디 없이 창문을 통해 나가다가 날갯짓을 멈추고 이렇게 한탄한다.

　"어리석구나, 프시케여, 내 사랑에 대한 보답이 겨우 이것이더냐? 나는 어머니의 명령을 어겨가며 그대를 아내로 맞았더니, 그런 나를 괴물이라고 생각하고 내 목을 도려내려고 하다니! 내 그대에게 따로 벌을 내리지는 않을 것이나, 오직 영원히 헤어질 따름이다. 의심이 깃든 마음에 어찌 사랑이 함께 기거할 수 있겠는가?"

〈에로스와 프시케〉, 프랑수아 제라르, 1798년
캔버스에 유채, 186x132cm
루브르 박물관 소장

말을 마친 에로스는 한줄기 빛처럼 먼 하늘로 사라져 버렸다. 눈물을 흘리며 한동안 바닥에 쓰러져 있던 프시케가 겨우 몸을 추스르고 사방을 둘러보니 그 멋졌던 궁전은 온데 간데 없어져버렸다. 프시케는 침식을 잊은 채, 밤낮을 가리지 않고 에로스를 찾으러 돌아다녔지만, 하찮은 인간이 자신을 드러내지 않으려는 신을 도저히 찾을 수는 없는 법이다.

온 나라를 헤매다가 우연히 들어간 신전이 바로 곡식의 여신 데메테르 신전이었다. 프시케를 불쌍히 여긴 데메테르 여신은 아프로디테에게 가서 용서를 빌면 여신께서 노여움을 풀고 아들 에로스가 있는 곳을 가르쳐 줄 것이라고 알려준다. 프시케가 데메테르를 따라 아프로디테 신전에 가서 여신을 만나자, 아프로디테는 노기 띤 얼굴로 프시케를 야단친 후, 프시케가 도저히 해낼 수 없는 네 가지 과업을 명령한다. 그중에서 '프시케의 상자'와 관련된 것은 마지막 네 번째 과업이다. 아프로디테는 프시케에게 상자를 주면서 지하 세계로 내려가 지하의 신 하데스의 부인인 페르세포네로부터 '아름다움'을 받아 상자에 담아 오라는 일을 시킨다. 지하 세계로 가라는 것은 죽으라는 말과 같은 것이다. 프시케는 천 길 낭떠러지 위에 있는 첨탑으로 올라가 거기에서 뛰어 내리는 것이 곧 저승으로 가는 빠른 길이라고 생각했다. 이때 첨탑은 말을 하면서 저승 세계로 이르는 길을 알려준다. 그곳에 가면서 겪어야 하는 여러 일들, 저승의 강을 어떻게 건너며 저승을 지키는 머리가 셋인 괴물 개 옆을 어떻게 무사히 지나야 하는지 등을 친절하게 설명해 주면서 마지막 당부를 잊지 않았다. 그것은 페르세포네가 그 상자에 '아름다움'을 담아주면, 아프로디테에게 갖다 줄 때까지 절대로 열어보지 말라는 것이었다. 첨탑에서 나는 목소리의 당부대로, 프시케가 이 상자를 열지 않았을까? 물론 아니다. 판도라도 절대로 열지 말라는 상자를 열지 않았던가. 신화에서 '절대로'라는 말은 늘 깨지기 위하여 존재한다. 절대로 무엇을 하지 말라는 것은 곧 그것이 지켜지지 않을 것이고 그로 인하여 어떤 사태 혹은 어떤 일이 벌어질 것이라는 것을 강하게 암시하는 것이다. 호기심을 억누를 수 없었던 프시케는 판도라처럼 결국 그 상자를 오는 길에 열어보고야 만다. 상자 속에는 '아름다움'이 들어있었던 것이 아니라, 페르세포네가 아프로디테에게 앙갚음을 하려고 잠의 신 히프노스로부터 얻어둔 잠의 씨를 그 안에 넣어두었던 것이다. 프시케가 상자를 열자, 잠의 씨들이 나와 프시케를 뒤덮었고, 그녀는 그 자리에 쓰러져 깊은 잠에 빠져버렸다. 이것을 다 보고 있던 에로스는 프시케가 그동안 속죄의 마음으로 어머니 아프로디테가 시킨 그 힘든 일을 다 하는 것을 보고 측은히 여겨 잠에 빠진 그녀를 구원하게 된다.

"불쌍한 프시케여, 그대는 호기심으로 자칫 목숨을 잃을 뻔 했도다!"

에로스는 제우스의 도움으로 어머니 아프로디테의 노여움을 푸는 데 성공했고, 결국 이 둘은 신들의 축복을 받으며 부부로 인연을 맺어 '기쁨'이라는 딸을 낳는다. 아프로디테의 미에 도전하여, 그녀로부터 모진 시련을 겪은 프시케가 결국은 에로스와 결합하는 데 성공한 것인데, 이는 미의 여신 아프로디테 신화의 종결과 프시케라는 새로운 미의 여인의 등장을 의미한다. 서양 문학에서 프시케가 종종 시련을 겪는 청춘의 아름다움으로 등장하는 것은 이런 신화에 기인하고 있다.

06 아르고 호 원정대
- 이아손과 메데이아의 사랑과 파멸

〈힐라스와 요정들〉, 워터하우스, 1896년
캔버스에 유채, 98×163cm
맨체스터 시립 미술관 소장

프릭소스의 황금양과 동방의 나라 콜키스

제우스가 일으킨 대홍수에서 부인 피라와 함께 살아남아 새로운 인류의 아버지가 된 데우칼리온이 돌을 어깨 너머로 던져 새로운 인간들을 만들어냈다. 그런데, 돌에서 생겨난 인간이 아니라, 데우칼리온과 피라의 몸에서 직접 태어난 유일한 자식이 있는데, 그가 바로 헬렌Hellen이다. 헬렌은 그리스인들의 선조가 되는 것이다. 여기에는 물론 그리스인들의 선민의식이 있다고 판단된다. 다른 인류들은 돌에서 탄생했지만 자신들의 직계 조상은 데우칼리온과 피라의 직접적인 육체적 결합에서 태어난 진정한 의미의 인류라고 주장하고 싶었던 것이다. 우리는 그리스 문명을 헬레니즘Hellenism이라고 하는데, 이는 바로 헬렌의 후손들인 헬레네스Hellenes가 이룩한 문명이라는 뜻이다. 그런데 헬렌의 직계로 아이올로스Aiolos가 있고 그로부터 아타마스Athamas, 크레테우스Kretheus, 살모네우스라는 세 아들이 태어난다. 아르고 호 원정대의 신화와 관련되는 사람은 첫째 아들 아타마스, 둘째 아들 크레테우스 그리고 셋째 아들 살모네우스의 딸인 티로Tyro이다.

아이올로스의 큰아들 아타마스는 보이오티아 지방 오르코메노스의 왕이었다. 그는 네펠레 사이에서 아들 프릭소스와 딸 헬레Helle를 두고 있는데, 부인 네펠레가 죽자, 이노를 후처로 얻는다. 이노는 아타마스에게서 두 아들 레아르코스와 멜리케르테스를 낳고는, 아타마스의 전처소생인 프릭소스와 헬레를 몹시 구박한다. 이노는 테베를 건설한 카드모스의 딸로서 좋은 가문 출신이지만, 전처의 아들 프릭소스로 인하여 자신이 직접 낳은 아들이 아타마스의 대를 잇기 힘들 것으로 판단하여, 프릭소스를 죽이려는 음모를 꾸민다. 그녀는 밭에 뿌리는 곡물의 씨를 몰래 모으게 해서 불에 구운 후 농부들에게 나누어 주었다. 불에 구웠으므로 농부들이 뿌린 씨앗에서는 당연히 싹이 트지 않았다. 이 음모를 모르고 있는 왕은 놀라서 이 흉작이 무엇 때문인가 신탁을 들어보기로 하였는데, 왕비는 왕에게 신탁을 전하는 사내를 매수하여 이렇게 말하게 한다.

"저 젊은 왕자를 제물로 바치지 않는 한 곡식의 싹은 트지 않으리라, 신탁은 이렇게 나왔사옵니다."

사람들은 기근이 올까 두려워 신탁대로 프릭소스를 제물로 바치도록 왕을 몰아세웠다. 사람이 제단의 제물로 바쳐지는 것은 당시 그리스에서는 그다지 드문 일이 아니었고, 또한 신탁은 거부할 수 없는 것이었다. 결국 왕의 결정에 따라 프릭소스는 제단에 뉘어졌다. 그 젊은 피가 대지의 신에게 바쳐지려 하는 순간 온 몸이 금빛 털로 싸인 양이 나타나 프릭소스와 누이동생 헬레를 등에 태우고 하늘로 날아올라갔다. 지하세계에 있던 네펠레는 제물로 바쳐지려는 자식들을 구해달라고 헤르메스에게 애원했는데, 헤르메스가 이를 받아들여 보내준 양이었던 것이다. 황금양은 인간처럼 말을 할 수 있고, 새처럼 날 수도 있었다. 프릭소스와 헬레는 이 황금양을 타고 멀리 동쪽 끝자락에 있는 콜키스의 아이아로 도망간다. 여기서부터 그리스와 동방의 나라에 대한 대립관계가 형성되는 것이고, 이 황금양의 가죽, 즉 황금양피를 그리스 영웅들이 찾아오는 것이 그리스의 세계 지배에 매우 중요한 사건으로 등장하게 된다. 황금양을 타고 콜키스로 두 남매가 도망가는데, 여동생 헬레는 도중에 실수로 바다에 떨어져 죽는다. 헬레가 떨어져 죽은 바다는 그녀의 이름을 따 아직도 헬레스폰토스로 불리고 있다. 이곳은 지금의 터키 쪽 방향의 에게 해Aegean Sea에 위치한 다르달네스 해협을 일컫는다. 다행히 헬레의 오빠 프릭소스는 콜키스의 아이아에 무사히 도착한다.

이 당시 콜키스에는 아이에테스라는 자가 왕으로 군림하고 있었다. 아이에테스의 혈통은 거신 족에서 받은 것이다. 즉 아이에테스의 아버지는 태양신 헬리오스인데, 헬리오스는 우라노스와 가이아의 여섯 아들 중 하나인 히페리온의 아들이니, 결국 아이에테스는 거신 족의 당당한 직계 자손인 것이다. 헬리오스는 아이에테스 외에도 키르케와 파시파에라는 두 딸을 두고 있었다. 콜키스의 왕, 아이에테스에게는 두 딸 칼키오페Chalkiope와 메데이아 그리고 아들 압시르토스Apsyrtos가 있다. 아이에테스는 황금양을 타고 그리스의 오르코메노스에서 도망 온 프릭소스를 손님으로 받아주고 자신의 딸 칼키오페를 주어 아내로 삼게 했는데, 그 보답으로 프릭소스는 자신이 타고 왔던 황금양을 잡아 제우스에게 제물로 바치고 황금양피는 아이에테스에게 선물한다. 아이에테스는 그것을 전쟁의 신 아레스의 숲에 있는 커다란 참나무 가지에 걸어두고, 죽지도 않고 잠들지도 않는 용에게 지키도록 했다. 아이에테스는 이 황금양피를 지켜야만 목숨이 부지될 것이라는 신탁을 받았기 때문이다. 칼키오페는 프릭소스 사이에서 아르고스 등 네 아들을 낳는다. 그들은 나중에 아버지 프릭소스가 죽자 유지를 받들어 배를 타고 콜키스를 떠나 그리스로 가는데 그 도중에 아르고 호의 영웅들을 만나 그들에게 항로를 안내했으며 다시 콜키스로 돌아와, 황금양피를 빼앗는 데 중요한 역할을 하게 된다.

그런데 황금양피가 참나무가지에 걸려 있는 사연은 이렇다. 프릭소스가 죽자, 아이에테스 왕은 그를 황금양피로 감싸서 콜키스의 장례방식에 따라 나무에 매달아 두었다.

나무에 매달린 프릭소스의 살이 다 썩고 뼈만 남자, 아이에테스는 다른 가죽으로 프릭소스의 뼈를 감싸서 나무에 걸고 황금양피는 참나무에 걸어두었던 것이다. 이 황금양피를 죽지도 자지도 않고 지키는 무시무시한 용은 대지의 여신 가이아가 카우카소스 산의 티파온의 바위 옆에서 낳은 괴물이다. 티파온이 크로노스의 아들 제우스의 번개를 맞고 머리에서 피를 흘리며 육중한 손을 그 바위에 올려놓은 적이 있는데, 여기서 그 뱀이 태어난 것이다. 거신 우라노스의 피가 바다에 떨어져 미의 여신 아프로디테가 탄생했고, 대지에 떨어져 복수의 여신들인 에리니에스가 태어났으며, 영웅 페르세우스가 메두사의 머리를 베어버리자, 천마 즉 하늘을 나는 말 페가소스가 뛰쳐나온 것과 같은 신화의 이야기이다.

외짝 신발의 이아손

아이올로스의 둘째 아들 크레테우스는 테살리아 지방에 있는 이올코스의 왕이었다. 그는 남동생 살모네우스의 딸 티로와 결혼하는데, 티로는 바다의 신 포세이돈의 사랑을 받아 이미 넬레우스와 펠리아스라는 쌍둥이 아들을 낳아 남몰래 키우고 있었다. 크레테우스는 그 사실을 모르고 티로를 아내로 맞이했던 것이고, 그녀로부터 아이손을 비롯하여 세 아들을 두고, 아이손은 두 아들을 낳는데 그중 한 명이 바로 이아손인 것이다. 크레테우스가 죽자, 펠리아스는 그의 쌍둥이 형제인 넬레우스와 자신 중에서 누가 왕위계승자가 될지 궁금하여 델포이의 아폴론 신전에 가서 신탁을 받아 보았는데, 펠리아스가 왕이 될 것이지만, "너와 같은 핏줄을 지닌 자에게 목숨을 잃을 것이다. 외짝신발을 신은 자를 조심하라."고 경고하는 신탁이 나왔다. 신탁대로 이올코스의 왕이 된 펠리아스는 어느 날 자신의 아버지 포세이돈을 위해 제물을 바치고 향연을 베푼다. 온 나라가 잔치로 떠들썩할 때, 이느 건장한 이방인 청년이 오랜 여행 끝의 남루한 옷차림과 덥수룩한 수염, 긴 머리카락을 하고 더구나 외짝 신을 신고 나타나자, 사람들은 이올코스에 이미 쫙 퍼진 소문, 즉 "외짝신발을 신은 자가 왕이 될 것이다."라는 말도 있어서 그 외짝 신발을 신은 청년을 유심히 그리고 호기심을 갖고 모두들 바라보며 웅성거렸다. 그 청년은 바로 아이손의 아들 이아손이었던 것이다. 그렇다면 어떻게 이아손이 그런 모습으로 이올코스에 나타나게 되었는지 그 경위를 살펴보자.

사실 아이손이 티로와 크레테우스의 적자 중 큰 아들이었기 때문에 이올코스의 합법적인 왕이었고, 서자인 펠리아스는 그에게서 왕위를 찬탈한 것으로 봐야 한다. 따라서 아이손의 아들 이아손이 펠리아스로부터 아버지의 왕권을 되찾으려고 하는 것은 정당한 것이었다. 펠리아스로부터 왕위를 탈취당한 이아손의 아버지 아이손은 다섯 살밖에 안 된 아들 이아손을 몰래 펠리온 산으로 보냈던 것이다. 펠리아스가 어린 이아손을 해칠 가능성이 있기 때문이었다. 펠리온 산에는 반인반마 즉 허리 위로는 사람의 모습, 허리 아래로는 말의 모습을 한 켄타우로스kentauros인 케이론Cheiron이 살고 있었다. 이 케이론으로부터 이아손은 15년 동안 무술, 웅변술 등 나라를 향후 통치할 수 있는 여러 기술을 배우고 능력을 키워나갔던 것이다. 그런데 켄타우로스는 어떻게 태어났는가? 우라노스의 아들 크로노스가 아직 올림포스의 티탄 신족들을 다스리고 있고, 제우스는 크로노스를 피해 크레테 섬의 이데 산 옆 동굴에서 은밀히 키워지고 있을 때, 크로노스는 정식 부인 레아를 속이고 필리라와 동침 한 적이 있었다. 필리라도 거신 오케아노스의 딸이었다. 레아 여신은 그들이 동침하고 있는 곳을 급습했는데, 부인에게 불륜의 장면을 들킨 크로노스가 당황하여 긴 갈기를 한 말의 모습으로 변신한 후, 그곳에서 뛰어나갔다. 그리고 필리라는 수치심에 사로잡혀 그곳을 떠나 험악한 펠라스고이 사람들의 산으로 들어갔는데, 거기서 그녀는 반은 말, 반은 신을 닮은 거대한 케이론을 낳았던 것이다. 사랑을 나누는 그 절정의 순간, 크로노스가 갑자기 말로 변신했기 때문에 반인반마가 태어난 것이다. 결국 케이론은 크로노스와 오케아노스의 피를 받은 거신 족에 속하는 켄타우로스인 것이다. 그렇기 때문에, 이아손뿐 아니라, 트로이아 전쟁의 영웅인 아킬레우스도 이 케이론의 손에 맡겨져 무술을 익히게 되는 것이다.

　케이론에게서 교육을 받고 또 케이론으로부터 아버지 아이손은 펠리아스로부터 왕권을 탈취당했다는 것을 알게 된 20살 청년 이아손은 단 하루도 더 펠리온 산에 머물고 싶지 않았다. 숙부인 펠리아스에게 가서 왕권을 되찾기로 결심하고 펠리온 산을 내려와 이올코스로 향했다. 여기서 신탁대로 모두 이루어지기 위한 운명의 순간이 온다. 즉 이아손은 이올코스로 들어오기 위해 아나우로스 강을 건너려 하는데, 어느 힘없는 노파를 만난다. 그 노파는 건장한 젊음이인 이아손을 보자, 물살이 세고 바닥이 진창이니 업어서 강 건너로 데려가 달라고 부탁한다. 건실한 청년인 이아손이 이를 거부할 리 없었다. 그런 노파를 업고 건너다가 한발이 진창에 빠졌고, 센 물살 때문에 노파를 업은 채로 그 신발을 다시 챙길 수 없어 이아손은 신발 한 짝을 잃어버리게 된 것이다. 결국 외짝 신을 신은 채 이올코스로 들어오게 된 것이다. 신탁대로 외짝 신을 신도록 만든 이 노파는 누구일까? 그것은 이아손 앞에 노파로 변신하여 나타난 헤라 여신이었다. 헤라 여신은 이렇게 이아손이 외짝 신을 신도록 만들었을 뿐 아니라, 그의 인간 됨됨이를 살펴본 것이다. 헤라 여신이 이아손의 아르고 호 원정 내내 그를 도와준 것은 여기서 비롯되었는데, 사실 헤라는 펠리아스에 대한 분노때문에 이아손을 도와서 펠리아스를 치려고 했던 것이다. 펠리아스가 왕이 되기 전에 헤라 신전에서 사람을 죽인 만행을 저지른 적이 있었기 때문이다. 펠리아스의 아버지 크레테우스는 본처인 티로를 멀리하더니 후처 시데로를 얻은 적이 있다. 시데로는 전처인 티로를 몹시 학대했는데, 티로의 두 아들 넬레우스와 펠리아스는 그 소식을 듣고 시데로를 죽이려 했다. 그들의 칼날을 피해 도망가던 시데로가 헤라 신전에 숨어들었을 때, 펠리아스는 제단에서 그녀를 잔인하게 죽였던 것이다. 자신의 신전으로 몸을 피신한 자를 끝까지 쫓아와 죽인 펠리아스의 행위에 분노한 헤라 여신은 그에게 앙심을 품고, 이아손을 도와 신전을 모독한 펠리아스를 파멸시키기로 작정했던 것이다.

이올코스로 들어와 왕궁을 찾아온 이아손을 만난 펠리우스는 외짝 신발의 이아손을 보자, 델포이 신탁에서 외짝 신발을 신은 자를 조심하라는 경고가 떠올라 두려움에 휩싸였다. 이아손은 자신이 아이손의 아들임을 밝히고 왕위를 요구하였다. 펠리우스는 두려움과 당혹함을 숨기고, 짐짓 태연한 체하며 조카 이아손을 따뜻한 말로 받아주며 자신의 딸들도 다 참석시켜 향연을 성대히 베풀어 준다. 분위기가 부드러워지며 노랫가락들이 흘러나오는데 그중 어느 노래가 황금양피에 관한 이야기를 감동적으로 들려주고 있었다. 물론 이 노래는 펠리아스가 미리 준비해둔 것이었다. 그리고는 그리스의 자존심인 이 황금양피를 찾을 사람은 이아손 같은 젊은 그리스인이어야 한다고 짐짓 목소리를 높였다. 펠리아스가 베푼 의외의 환대에 마음이 풀렸고, 또 황금양피 이야기에 감동된 이아손은 당장 자신이 이 황금양피를 찾아오겠다고 나섰고, 성공하여 돌아오면 왕위를 넘겨주겠다고 펠리아스는 약속한다. 콜키스에 가서 그 무섭고 용맹스런 콜키스의 왕 아이에테스로부터 황금양피를 찾아올 수도 없거니와, 먼 나라 콜키스로 가는 항해 도중에 풍랑을 만나 바다에 빠져 죽거나 이방인들 손에 의하여 이아손은 죽을 것이라고 펠리아스는 굳게 믿었기 때문이다. 그는 인간이 피할 수 없는 신탁을 피하려 하는 것이다. "너와 같은 핏줄을 지닌 자에게 목숨을 잃을 것이다."라는 신탁은 그대로 적중될 것인데, 과연 어떤 과정을 거쳐서 이아손은 황금양피를 가져오고, 어떻게 펠리아스는 조카의 손에 죽게 되는가? 여기에는 영웅 이아손을 사랑하는 콜키스 공주 메데이아의 결정적 역할이 있었는데, 지금부터 상세히 살펴보자.

콜키스로 출발하는 아르고 호

그리스 영웅들이 타고 갈 배는 아테네 여신의 지시에 따라 건조된 아르고 호였다. 아테네는 지혜의 신이자 기술의 신이기도 하다. 아르고Argo는 '빠르다'라는 뜻을 지니고 있는데, 이름처럼 매우 빠를 뿐 아니라, 아무리 거센 풍랑에도 절대로 부서지지 않고 또한 신기하게도 인간의 목소리를 낼 수 있는, 즉 말도 할 수 있는 배였다. 배 용골 앞쪽 중앙 아치형 목재는 참나무로 되어 있는데, 이 참나무에 아테네 여신이 말하는 능력을 부여했기 때문이다. 황금양피를 갖고 아르고 호가 그리스로 귀환하는 도중에 제우스의 분노로 인하여 배 맞은편에서 폭풍이 일어나 왔던 길을 되돌려 어느 섬으로 잠시 돌아갈 수밖에 없던 적이 있는데, 이때 아르고 호에서 인간의 목소리가 영웅들의 귀에 들리고 그 목소리의 지시에 따라 행동한 아르고 호의 영웅들은 배를 제대로 몰고 귀환할 수 있었다. 즉, 배의 목소리는 아테네 신의 목소리인 셈이다. 파손되지 않는 목재와 신의 목소리를 담고 있는 아르고 호에 몸을 싣고 이아손 등 55인의 그리스 영웅들은 저 먼 나라 콜키스를 향해 이올코스 근처의 파가사이 항구를 떠난다. 이 아르고 호 원정대 단원의 대표적인 영웅에는 이아손 외에 헤라클레스, 펠레우스, 오르페우스 등이 있다. 펠레우스는 바다의 여신 테티스 사이에서 아킬레우스를 낳은 인물인데, 이것으로 봐서 아르고 호의 탐험이야기는 트로이아 전쟁보다 한 세대 앞서 일어난 일로 판단된다. 이 배가 콜키스에 도달할 때까지 수많은 모험과 에피소드가 있는데, 아폴로니오스는 『아르고나우티카』에서 아주 상세히 이 모든 과정을 묘사하고 있다. 그렇지만 우리 이야기의 핵심은 이아손과 메데이아의 만남과 사랑, 황금양피의 탈취 과정, 콜키스 군대의 추격과 메데이아의 오빠 압시르토스의 살해 장면이기 때문에, 여기서 콜키스에 이르는 항해의 전 과정을 살펴볼 필요는 없을 것이다. 다만 55인의 영웅들 중의 일원인 헤라클레스가 아르고 호에 승선했다가 신의 뜻에 의하여 배를 떠나게 되는 장면을 보도록 하자.

폭풍에 시달리던 아르고 호가 키오스라는 도시에 기항했을 때의 일이다. 아르고 호 영웅 중 한 명인 힐라스는 물을 뜨러 샘을 찾아 돌아다니다가, 페가이라고 부르는 샘을 발견했다. 그 샘에는 근처 동굴 속에 사는 요정들이 모여 막 윤무를 시작하려고 하던 참이었다. 맑은 샘물에 사는 물의 요정도 수면 위로 모습을 드러냈다. 그런데 요정들도 이 깊은 숲 속에서 힐라스처럼 멋진 청년을 본 적이 없었던지 그를 보자 사랑의 감정에 휘감겼다. 참을 수 없는 욕정에 사로잡힌 물의 요정들은 멋진 힐라스에 반하여 물을 뜨려는 그의 손을 잡아당겼고, 힐라스는 연꽃보다 더 아름다운 요정들에 둘러싸여 정신이 없는 듯 물속으로 끌려 들어갔다. 많은 영웅들 중에서 오직 한 사람 폴리페모스만이 힐라스가 지르는 비명 소리를 들었다. 그는 필경 힐라스가 숲 속의 맹수로부터 공격을 받았거나 도둑들의 습격을 받았을 것이라고 판단하고 칼을 뽑아든 채 힐라스를 찾아 나섰다. 이때 부러진 노를 다시 만들기 위하여 전나무 한 그루 뽑아들고 배로 돌아오던 헤라클레스가 폴리페모스로부터 힐라스의 비명 이야기를 듣고 그와 함께 힐라스를 찾아 나서지만 요정들이 물속으로 데리고 간 자를 발견해 낼 수는 없었다. 새벽이 되고 다시 순풍이 불자 아르고 호는 헤라클레스와 폴리페모스 그리고 힐라스 등 3명의 영웅들이 없다는 사실을 모르고 서둘러 떠났다. 헤라클레스 등 3인을 남겨놓고 왔다는 것을 뒤늦게 알았지만, 배는 이미 육지와 멀리 떨어져 항해하고 있었다. 결국 헤라클레스는 본의 아니게 하선하게 된 것인데, 이것은 헤라클레스로 하여금 주어진 12가지 과업을 완수하라는 신의 뜻이었던 것이다.

오랜 항해 끝에 콜키스에 도착한 이아손은 황금양피를 얻기 위하여 항해 도중에 만난 프릭소스 아들인 아르고스와 함께 아이에테스를 찾아갔다. 아르고스는 이아손이 누구이고 왜 이들이 여기에 왔는지를 설명했다. 그러나 그리스로 돌아가다던 프릭소스와 칼키오페의 자식들이 이아손 일행들과 음모하여 자신으로부터 왕권을 탈취하려한다고 생각한 아이에테스는 분노했다. 그리고 이아손을 죽일 수 있는 방법을 궁리한다. 그 결과 그가 원하는 황금양피를 주겠다는 조건으로 성취하기 불가능해 보이는 일을 이아손에게 제시했다. 입에서 불을 뿜는 청동으로 된 황소 두 마리가 아레스의 숲에서 풀을 뜯고 있는데, 이 소들에 쟁기를 달아 하루에 8에이커 넓이로 아레스 신의 거친 밭을 모두 갈라는 것이었다. 더구나 밭을 갈면서 뱀의 이빨들을 뿌리면 밭에서 무장한 병사들이 생겨나는데, 이들을 모두 죽여야 된다는 것이었다. 사실상 성취할 수 없는 일이며, 또한 목숨을 내걸고 할 수 밖에 없는 일이었다. 이 악의에 찬 제의에 당황하던 이아손은 빈손으로 돌아가 그리스 이올코스의 왕 펠리아스에게 죽으나, 여기서 죽으나 마찬가지라고 판단하여 이 제의를 당당히 받아들인다. 아버지 아이에테스와 그리스에서 온 이아손이 대화하는 모습을 멀리서 지켜본 메데이아는 이아손의 용모와 우아함에 단숨에 반한다. 그리고 곧 그녀의 마음은 사랑의 고통으로 불타올랐다. 그녀는 이아손이 불을 뿜는 황소와 싸우다가 죽거나 혹은 아버지 아이에테스의 손에 살해되지나 않을까 걱정스러웠다. 메데이아의 이런 사랑의 감정은 메데이아가 에로스의 화살을 맞은 후 가슴 속에서 태동된 감정이기에 인간으로서는 억누를 수 없는 것이었다. 헤라 여신의 부탁으로 아프로디테가 아들 에로스를 시켜서 그렇게 만든 것이다. 그렇지만 메데이아는 자신과 아무 관계도 없는 외지의 남자, 이아손에 대하여 억제할 수 없는 사랑의 감정과 그 갈등을 이렇게 토로한다.

"불쌍한 나는 왜 이런 고통에 휩싸이는 걸까? 그 사람이 모든 영웅들 중 최고든 아니면 보잘것없는 겁쟁이든 어차피 죽을 운명이라면, 그래, 죽을 테면 죽으라지! 아, 그래도 그 사람이 죽지 않으면 좋으련만!"

프릭소스의 아들 아르고스는 어머니 칼키오페를 설득하여 메데이아가 이아손을 도울 수 있도록 부탁한다. 메데이아는 마법을 담당하는 헤카테 여신의 가르침으로 온갖 마술에 능통하기 때문이었다. 메데이아의 언니인 칼키오페도 자신의 아들 아르고스가 아이에테스의 손에 죽게 되는 것이 두려워 이미 그럴 생각을 하고 있었다. 다만 메데이아에게 이아손을 도와주라고 어떻게 말을 할 수 있을까 주저하고 있을 뿐이었다. 여동생이지만 그녀의 속을 알 수 없기 때문이다. 메데이아는 이아손을 향한 불같은 사랑에 빠져 혼자 고통에 사로잡혀 있었으니, 두 자매는 사실 쉽게 의기투합할 수 있는 것이었지만, 반대로 메데이아는 언니 칼키오페가 어떤 생각을 하고 있는지 몰라 갈등에 빠진다. 이런 이야기 구조는 현대 소설의 플롯과 매우 유사하다. 이런 면에서 헬레니즘 초기인 기원전 250년 무렵에 써진 이 작품의 현대성은 놀라운 것인데, 그러면 갈등에 사로잡혀 있는 메데이아의 모습을 보도록 하자. 이것이 후에 아버지와 조국을 배신했다는 메데이아의 평가에 대하여 그녀를 이해하는 데 도움이 되기 때문이다.

"그 이방인이 과업을 수행하도록 도와달라고 언니가 나에게 부탁하도록 해보겠어.

언니는 아들들을 걱정하고 있으니 그렇게 할 거야.' 이렇게 말하며 그녀는 일어서서 겉옷만 걸친 채 맨발로 방문을 열었다. 그리고 언니의 방으로 가려고 문지방을 넘어섰다. 그러다가 그녀는 다시 방향을 바꾸어 자기 방으로 들어왔다. 그녀는 다시 한 번 더 방에서 나왔다가 다시 들어갔다. 그녀의 발은 이렇게 하릴없이 그녀를 밖으로 몰고 갔다가 다시 안으로 데려왔다. 그녀가 나가려고 하면 수치심이 그녀를 안에 붙잡아 두었고, 수치심으로 멈추어 서면 대담한 욕망이 그녀를 밖으로 재촉했다. 그녀는 세 번째로 그걸 시도했지만 다시 멈추어 섰다. 네 번째로 다시 방에 돌아온 그녀는 침대에 몸을 던졌다. 메데이아는 슬프게 흐느껴 울었다."

이렇게 슬퍼하는 메데이아를 본 몸종이 언니 칼키오페에게 알려주어, 칼키오페가 메데이아를 찾아오게 된다. 두 자매는 서로 심중의 이야기를 다 털어놓고 결국 아버지를 배신하고 이아손을 비롯한 그리스 영웅들을 도와주기로 한다. 메데이아는 이아손과의 사랑을 위하여 그리고 언니 칼키오페는 자식들을 죽음으로부터 벗어나게 하기 위하여 그렇게 결심한 것이다. 그러나 과연 사랑 때문에 메데이아가 아버지와 조국을 배신하기로 하였을까? 단순히 그녀가 사랑만을 위하여 조국을 등진 것은 아닐 것이다. 거기에는 가부장제에 대한 여성 핍박도 한 몫을 했던 것이다. 메데이아가 사랑의 감정에 사로잡혀 판단력을 상실한 맹목적인 여인은 아니었다. 어떻게 이아손을 도울 수 있을까 하는 걱정과 갈등 속에서, 그녀는 자신이 하려는 일이 부모와 조국에 큰 죄가 된다는 것을 알고 있었다. 그리고 이 일을 감행하고 나면 자신은 조국을 떠날 수밖에 없다는 사실도 분명 인식하고 있었다. 메데이아가 이아손을 돕기로 한 이후에도 몹시 방황하고 심지어 자기 자신이 독약을 먹고 자살하려고 하는 것은 이를 잘 말해주고 있다.

"그녀는 좋은 약을 비롯하여 아주 파괴적인 온갖 마법의 약이 다 들어 있는 상자 쪽으로 다가갔다. 그녀는 상자를 무릎 위에 올려놓고 옷을 눈물로 흠뻑 적시도록 슬피 울었다. 이렇게 자신의 운명을 몹시 한탄하는 동안 메데이아의 눈에서는 눈물이 하염없이 쏟아져 내렸다. 그녀는 생명을 앗아가는 독약을 마시려고 했던 것이다. 그녀는 벌써 독약을 꺼내려고 상자의 끈을 풀고 있었다."

이때 행복했던 과거의 많은 일들이 주마등처럼 메데이아의 뇌리를 스쳐 지나갔다. 그리고 소녀 시절의 명랑한 친구들의 모습이 눈에 어른거렸다. 그녀는 이 모든 것을 하나하나 생각하며 삶에 다시 매달려야 하는 자신의 의무를 생각해냈다. 아버지 아이에테스가 통치하는 이 나라에서는 다시 찾을 수 없는 행복한 여성의 삶을 이아손과 함께 되살리고 싶은 생각이 떠올랐을 것이다. 가혹한 운명을 죽음으로 회피하기 보다는, 정면으로 대항하기로 굳게 마음먹은 것이다. 이제 자살에 대한 생각을 접고 이아손에게 불을 뿜는 황소를 제압할 수 있는 약을 주기로 결심한다. 그녀는 돌이킬 수 없는 운명의 길을 가고 있는 것이다.

황금양피를 탈취하는 이아손과 메데이아

약 속대로 헤카테 신전에서 이아손을 만난 메데이아는 망설이지 않고 가슴 띠 속에 숨겨 놓은 마법의 약을 꺼내어 이아손에게 전달한다. 그리고 이 약을 사용하기 전, 우선 한 밤중에 헤카테 신전에 가서 제사를 지내야 하고, 그 다음에 어떻게 해야 하는지 설명했다.

"아침이 되면 이 마법의 약을 녹여서 옷을 벗은 다음 성유를 바르듯이 몸에 반질반질 하게 문질러 바르세요! 그러면 당신에게 엄청난 힘과 굉장한 능력이 생길 것입니다. 인간 이 아니라 불멸의 신이 된 것 같은 착각이 들 정도일 거예요. 창뿐 아니라 방패와 검에도 그것을 발라야 해요. 그러면 땅에서 솟아난 병사들의 창끝도, 무서운 황소의 입에서 뿜 어져 나오는 견디기 힘든 화염도 당신을 해칠 수 없을 거예요. 하지만 그런 상태가 아주 오랫동안 지속되는 것은 아니에요. 그 약효는 단지 하루 동안만 지속됩니다. 그러니 이 싸움에서 절대로 물러서지 마세요!"

이아손은 메데이아가 일러준 대로 마법의 약을 녹인 다음 방패와 창 그리고 칼 표면 에 문질러 발랐다. 그 후 자신의 몸에도 약을 발랐다. 무기는 절대로 부러지거나 휘지 않 는 아주 단단한 쇠로 변했고, 이아손의 몸 안에도 무시무시한 힘이 흐르게 되었다. 그의 모습은 전쟁의 신 아레스 혹은 황금 검을 찬 아폴론 신과 흡사했다고 한다. 이렇게 하여 이아손은 불을 뿜는 황소와 대적할 수 있었다. 황소 두 마리가 강력한 뿔로 방패를 들이 받았지만 조금도 밀려나지 않았고, 끔찍한 불꽃이 황소들 주둥이에서 뿜어져 나왔지만 마법의 약이 효력을 발휘해 이아손을 보호해주었다. 이아손은 결국 이 황소들을 제압하고, 멍에를 씌워 8에이커나 되는 넓은 밭을 갈게 하는 데 성공하였던 것이다. 다음의 과업은 밭에 뱀 이빨을 뿌리고, 거기에 생겨나는 병사들을 처치하는 일이었다. 뱀 이빨이 뿌려진 땅에서 병사들은 이삭처럼 밭 전체에서 쑥쑥 솟아났다. 그때 이아손은 메데이아가 알려준 대로 커다란 돌을 들어 병사들 무리를 향해 던졌더니, 병사들은 거대한 소리를 내며 서로를 죽이더니 결국 모두 서로의 손에 죽고 말았다. 콜키스의 왕 아이에테스가 이아손이 결코 성공할 수 없으리라 생각하고 준 과업들을 이아손은 메데이아의 도움으로 완벽히 이루어낸 것이다. 이아손이 이렇게 불가능한 일을 해낸 데는 필경 딸들의 개입이 있었을 것이라고 판단한 아이에테스는 분노와 배신감에 치를 떨었다. 약속했던 황금양피를 아르고 호 영웅들에게 돌려주지 않은 것은 당연하고, 오히려 그들을 파멸시킬 수단을 강구하고 있었다. 한편 메데이아는 어차피 아버지가 이 사실을 다 알고 있을 터이니, 끝까지 이아손을 도와 황금양피를 탈취한 후, 조국을 떠나는 수밖에 없다고 판단한다. 아버지에게 끔찍한 일을 당할 것이라고 확신했기 때문이다. 메데이아는 한밤중 궁전을 빠져나와 이아손이 있는 아르고 호로 가서 영웅들에게 날이 밝기 전에 배를 몰아 아레스 숲 근처의 물가로 가자고 외쳤다. 아레스 숲에는 거대한 용이 참나무에 걸쳐 있는 황금양피를 지키고 있었다. 이아손과 함께 그곳에 도착한 메데이아는 주문을 외우면서, 마법의 약물을 용의 눈에 뿌렸다. 그러자 진한 약 냄새가 용을 잠에 빠지게 만들었고, 이 사이 이아손은 참나무에서 황금양피를 재빨리 걷어냈다. 그리스가 동방 세계에 대하여 승리를 거두는 순간인 것이다. 아르고 호로 돌아온 그들은 서둘러 배를 몰아 강줄기를 빠져나갔다. 아버지를 배신하고 조국을 등지는 파란만장한 메데이아의 운명은 이렇게 시작된 것이다.

메데이아의 파란만장한 운명

메데이아가 이아손과 사랑에 빠져 그를 도와 황금양피를 탈취하고, 이아손과 함께 아르고 호에 승선하여 조국을 떠나서 그리스로 향했다는 사실, 그녀의 이런 배신적 행위와 그 행적에 대하여 콜키스인들이 낱낱이 알게 되었다. 분노한 아이에테스는 아들 압시르토스를 선봉장으로 하여 함대를 만들고 아르고 호를 추격하라고 명령한다. 콜키스인들의 배는 함대라기보다는 오히려 엄청난 수의 새 떼가 소리를 내며 바다 위를 날아가는 것 같았다. 그만큼 배의 수는 헤아릴 수 없었으며, 그들의 분노와 추격의지는 하늘을 찌르는 듯했다. 항로를 잘 알고 있는 압시르토스는 지름길을 이용하여 아르고 호보다 앞서 이오니아 해의 가장 안쪽에 있는 만으로 접어들게 되었다. 길목을 차단하여 아르고 호를 기다리는 형세가 된 것이다. 난국을 돌파하기 위하여 메데이아는 이아손과 함께 오빠 압시르토스를 살해할 계획을 세운다. 오빠를 죽이려는 가혹한 결정을 내리게 된 것은 메데이아가 악녀가 아니라, 상황이 그녀를 그렇게 만들었던 것이다. 아르고 호가 수많은 압시르토스의 부하들을 피하기 위하여 어느 섬에 상륙했는데, 그곳의 왕은 아르고 호 영웅들과 압시르토스 측 간의 전쟁을 피하기 위하여 메데이아를 콜키스로 돌려보낼 것에 대하여 협상을 벌였기 때문이다. 자신을 두고 협상이 벌어지는 것에 참을 수 없었던 메데이아가 분노했고, 급기야 난국을 타파하기 위하여 오빠 압시르토스를 죽이기로 결심한 것이다. 그녀가 독부이고 악녀로 묘사되는 것은 이런 상황을 제대로 파악하지 않았기 때문이다. 자신을 도와 목숨을 걸었고 이제 자신만을 믿고 조국을 떠나온 메데이아가 다시 조국으로 되돌려 보내질 수도 있는 그런 위험한 협상에 임하는 이아손이야말로 참으로 비열한 영웅인 것이다. 살기 위한 메데이아의 절규가 처절할 뿐이다.

"아이손의 아들이여, 당신은 어떻게 나를 놓고 그런 협상을 할 수 있나요? 성공했다고 해서 벌써 모든 것을 잊고, 당신이 어려울 때 하신 말씀은 이제 전혀 개의치 않으시나요? 나는 그 약속을 믿고 부끄럽게도 나에게 최고의 가치였던 내 조국과 우리 가족의 명예와 부모를 저버렸지요. 나는 당신의 과업 때문에 혼자 슬픈 물총새 무리에 뒤섞여 멀리서 바다를 쏘다니는 신세가 되었습니다. 당신은 의리를 지키고, 우리 둘이 함께 했던 약속도 꼭 지켜야 합니다! 그렇지 않으면 차라리 당신 칼로 내 목을 베어 주세요!"

이 얼마나 절박한 절규인가? 결국 콜키스로 되쫓겨간다면 아버지가 자신에게 죽음을 내릴 것이 분명한 이 상황에서 메데이아는 살기 위하여, 이런 협상을 깨뜨리고 무조건 승리하기 위하여, 오빠 압시르토스를 죽일 수밖에 없었던 것이다. 메데이아는 전령을 보내 오빠 압시르토스가 뿌리칠 수 없는 말을 건넸다. 칠흑 같은 밤이 내리면 아르테미스 신전에 가 있을 테니 그리로 와서 위대한 이 황금양피를 가지고 다시 아버지 아이에테스의 궁전으로 가져갈 계책을 함께 강구해 보자는 것이었다. 물론 이것은 압시르토스를 살해하기 위한 무서운 유인책이었다. 이아손은 매복을 한 채 압시르토스를 기다리고 있었다. 압시르토스는 여동생 메데이아의 약속을 믿고 급히 배를 몰아 야심한 밤에 아르테미스 신전이 있는 섬에 도착했다. 그리고 그가 메데이아와 은밀히 대화를 나누기 시작했다.

이야기가 무르익으며 압시르토스의 긴장이 풀려 있는 순간, 이아손은 매복 장소에서 갑자기 튀어나와 칼을 휘둘러 단숨에 압시르토스를 살해했다. 그리스의 영웅으로서 무술이 뛰어난 이아손의 기습 공격에 압시르토스는 힘 한 번 쓰지 못하고 그대로 피를 토하고 쓰러질 수밖에 없었다. 이 처절하고 비극적인 순간을 아폴로니오스는 이렇게 묘사하고 있다.

"이아손이 오른손에 칼을 들고 휘두르며 가까운 매복 장소에서 튀어나왔다. 그러자 메데이아는 시선을 옆으로 돌리고 베일로 눈을 가렸다. 오빠가 칼을 맞고 죽는 것을 보지 않기 위해서였다. 압시르토스는 신전으로 올라가는 계단에서 무릎을 꿇고 꼬꾸라졌다. 그는 마지막 숨을 몰아쉬며 상처에서 뿜어져 나오는 검붉은 피를 두 손으로 막았지만 튀어 오른 피가 옆으로 피신한 동생의 하얀 베일과 옷을 붉게 물들였다."

여동생에 의한 오빠의 이런 처참한 죽음은 신화가 주고 있는 가장 비극적인 장면 중의 하나로 현대를 사는 우리의 삶에도 시사하는 바가 크다. 이에 따른 메데이아의 행동에 대한 다양한 해석이 신화의 근대성을 말해주고 있다. 사랑의 맹목적 포로이며 독부들 중의 독부인가 아니면 가부장제의 티피를 시도했던 한 여인의 비극이냐 하는 논점은 현대의 신화 해석에서 매우 중요한 이슈 중 하나로 대두되어 있는 것이다.

압시르토스가 직접 이끌었던 콜키스 추격대 1진이 궤멸된 후, 흑해를 통해 빠져 나온 추격대 2진의 엄청난 군대가 드레파네 섬에서 아르고 호와 조우하게 된다. 그리고 이 섬의 왕인 알키노오스에게 전쟁을 피하고 싶거든 메데이아를 인도해 달라고 한다. 이때, 왕비 아레테는 메데이아의 편에 서서 알키노오스 왕에게 메데이아를 절대로 콜키스로 돌려보내면 안 된다고 말하면서 메데이아는 다름이 아닌 바로 "폭력적인 아버지의 화를 피해 달아나게 되었던" 것이라고 설명한다. 즉, 가부장적 폭군을 피해온 난민이라는 것이다. 난민이기 때문에 가서 아버지의 복수가 불을 보듯 분명한 그 나라로 돌려보낼 수 없다는 것이다. 메데이아는 단순히 사랑에 빠져 나라를 떠난 철없는 여인은 아닌 것이다. 메데이아도 왕비 아레테에게 자신의 처지를 호소할 때, 자신이 아버지를 배신하고 이아손을 도와준 것은 결코 사랑의 욕정 때문이 아니었다고 말한다. 물론 그것은 순간의 잘못이었지만, 그 죄에 대한 아버지의 가혹한 벌 혹은 아버지에 의한 죽음에 대한 "끔찍한 공포가 엄습해와 도망칠 생각을 하게 되었다."고 말한다. 또한 이아손을 포함한 영웅들에게 "최고의 인간들이라는 당신들 때문에 그리고 당신들의 임무 때문에 나는 곤란에 처했다.", "내가 아이에테스의 손에 들어가 불명예스럽고 고통스럽게 살해당할 때 신이 가할 복수를 두려워하라."고 하면서 콜키스로 돌아가면 당연히 처형당할 것으로 생각한다. 메데이아는 이아손에 대한 사랑의 포로가 아니라, 이제 자신의 운명을 스스로 헤쳐 나가야 하는 비운의 여인이며, 폭군인 아버지의 최대의 피해자로 전락하였다.

이아손과 메데이아의 사랑의 파멸

이올코스의 왕 펠리아스는 황금양피를 성공리에 갖고 돌아오면 왕위를 넘겨주겠다고 이아손에게 약속했었지만, 약속은 물론 지켜지지 않았다. 조국을 떠나온 이방인 메데이아는 사랑하는 이아손의 영광을 위해서라면 그 어떤 일도 마다하지 않았다. 이아손의 왕권 탈환을 위하여 펠리아스를 죽일 계책을 마련하는 것이다. 그녀는 펠리아스 궁전으로 가서 펠리아스의 딸들을 불러 놓고 늙은 숫양 한 마리를 토막 내어 물에 끓인 뒤 새끼 양으로 만들어 다시 살려내는 마술을 보여주었다. 그리고는 펠리아스 딸들에게 아버지 펠리아스를 토막 내어 오면 이런 식으로 다시 젊게 만들어 살려주겠다고 속인다. 펠리아스의 딸들은 메데이아의 말을 믿고 아버지를 죽여 토막 내었다. 메데이아가 토막 난 펠리아스를 다시 살려주지 않은 것은 당연한 일이었다. 이렇게 하여 펠리아스는 결과적으로 딸들에 의하여 죽임을 당한 것이다. 그러나 펠리아스의 아들 아카스토스가 왕권을 잡자, 이아손과 메데이아는 하는 수 없이 코린토스로 망명하게 된다. 망명지 코린토스에서 일어난 이아손과 메데이아의 행적 그리고 그들의 처참한 비극은 에우리피데스의 비극 『메데이아』에 상세히 묘사되어 있다. 이아손과 메데이아는 코린토스에 가서 처음 10년 동안 행복하게 살았다. 이 시기가 그들 삶의 절정일 것이다. 그러나 코린토스의 왕 크레온이 자신의 딸 클라우케를 아내로 주겠다는 제의를 받아들인 이아손은 메데이아를 버리고 그녀와 결혼하면서부터 그들의 처참한 비극의 싹이 트기 시작한다.

에우리피데스의 극은 바로 이 시점에서부터 시작하고 있다. 메데이아가 클라우케를 살해할 음모를 꾸미고, 자신의 불쌍한 두 자식들이 남들의 손에 조롱당하고 죽임을 당하기 전에, 먼저 자신의 손으로 그들을 죽일 수밖에 없다는 엄청난 생각을 품게 된다. 메데이아가 이렇게 광기에 빠진 독부와 악녀가 되는 것은 조국을 떠나와 이방인으로 살면서 오직 남편 이아손만을 믿고 살아 왔는데, 돈과 권력을 좇아 왕의 딸과 결혼하는 남편 이아손의 배신을 견뎌낼 수 없었던 것이고, 또한 코린토스의 크레온 왕이 메데이아를 코린토스에게 추방하려고 했기 때문이다. 막다른 길에 몰린 메데이아의 비극적 선택이 아닐 수 없다. 메데이아가 이아손을 따라 온 자신의 처지를 후회하는 장면을 보자.

"아아 아버지! 아아 고향 도시여! 나는 수치스럽게도
오라비까지 죽이며 당신들을 배신했나이다."

"고향 도시도 없고 야만족의 나라에서
납치되어 와서 남편에게 수모를 당하고 있어요."

"아아, 사랑은 인간들에게 얼마나 큰 불행을 가져다주는가!"

또한 메데이아는 아르고 호가 콜키스에 왔을 때 이아손을 도와주었던 일을 회상하며 그렇게 지극정성으로 돕고 사랑했던 이아손이 지금 이렇게 배신하는 것에 치를 떨며, 절망에 빠져 이아손에게 소리친다.

"이제 나는 어디로 가야 하나요? 내가 그대를 따라

이리로 올 때 고향과 함께 배신했던 나의 아버지 집으로 가야 하나요?

아니면 가련한 펠리아스의 딸들에게로 가야 하나요?

오오 제우스여, 왜 그대는 가짜 황금에 대해서는

인간들에게 확실한 징표를 주셨으면서

사악한 인간을 가려낼 수 있는 표시는

사람의 몸에 타고 나도록 해주시지 않았나이까?"

절망에 빠진 메데이아는 크레온이 코린토스를 떠날 말미를 하루 더 연장해 주자, 그 하루 동안, 운명을 가르는 중대한 일을 실행에 옮긴다. 아테나이의 왕 아이게우스로부터 자신을 받아들이고 부인으로 삼겠다는 확약을 받고 나서 이제 피할 곳이 있다는 자신감에 메데이아는 결국 이아손의 새 부인 클라우케를 살해하는 것이다. 그리고 갈등과 갈등을 거듭한 끝에 결국 친자식들도 죽이게 된다.

메데이아는 자식들의 손을 통하여 고운 옷과 황금 관을 신부 클라우케에게 선물로 보냈다. 이 옷과 장신구들을 몸에 두르면 클리우케는 비참하게 죽게 될 것이고, 신부를 만지는 사람도 누구라도 마찬가지로 죽게 될 것이라고 메데이아는 말한다. 그리고 이를 가차 없이 실행에 옮긴다. 조국도 집도 잃고 아버지를 배신하고 오빠를 죽이면서 남편을 따라온 여인이 그 남편의 배신 앞에서 선택할 수 있는 유일한 길이었던 것이다. 메데이아의 아이들로부터 메데이아가 보낸 선물을 받은 클라우케는 처음에는 의심하며 머뭇거린다. 그러나 멋진 옷과 장신구에 유혹된 그녀는 그것을 몸에 걸치고 기뻐하는데 그것도 순간, 갑자기 안색이 변하고 몸을 비틀며 바닥에 쓰러졌다. 이 옷과 장신구에는 치명적인 독이 묻어 있던 것이다. 소식을 듣고 달려온 아버지 크레온 왕이 쓰러진 딸의 시신 위에 쓰러져 통곡하고 포옹하고 입 맞추며 슬퍼하다가 함께 독이 묻어 딸 옆에서 나란히 누워 절명하였다. 약과 마법에 능한 메데이아의 독약에 의하여 부녀가 살해된 것이다. 이제 일은 벌어진 것이다. 자식들이 전한 옷과 장신구에 의하여 크레온 왕과 공주 클라우케가 죽었으니, 그 자식들도 무사할 수 없을 것이다. 시간이 다가오고 메데이아는 엄청난 혼란과 갈등에 빠진다. '과연 내가 자식들을 죽여야 하는가' 메데이아의 갈등의 심리 상태가 에우리피데스의 극에 절묘하게 묘사되어 있다.

"전에는 이 가련한 어미가 너희들에게

큰 희망을 걸었지. 너희들이 노후에 나를 보살펴 줄 것이고

내가 죽고 나면 너희들이 나를 잘 묻어 줄 것이라고

하지만 이제는 그 달콤한 염려도 사라져 버렸구나!

내가 너희들을 잃고 비참하고 고통스런 삶을 살아가게 될 테니까.

너희들은 이 어미를 그 사랑스런 눈으로 다시는 보지 못하게 될 것이다.

아, 아 왜 그런 눈으로 나를 쳐다보느냐, 애들아?

왜 내게 미소 짓느냐, 최후의 미소더냐?

아, 아 어떡하지? 애들의 반짝이는 눈을 보니까

나는 용기가 꺾이는구나.

아, 난 못하겠어. 이전의 계획들은 사라져 버려라!"

〈자식들을 죽이려는 메데이아〉, 들라크루아, 1838년
캔버스에 유채, 122x84cm
루브르 박물관 소장

이렇게 수없는 반전과 반전을 거듭하고, 갈등과 갈등에 휩싸이다가 결국 메데이아는 결심한다.

"생모인 내가 얘들을 죽일테야!
그건 정해진 운명이며 피할 도리가 없어.

너희들은 행복하게 살아라, 그러나 그곳에서! 이곳에서의 행복은
너희들의 아버지가 빼앗아 버렸으니까."

이아손의 배신으로 모든 행복을 빼앗긴 메데이아와 자식들의 불행인 것이다. 메데이아는 태양의 신 헬리오스의 손녀. 그녀는 헬리오스가 준 용이 끄는 수레를 타고 아이들의 시신을 안고 지붕 위에 나타난다. 그리고 아이들 시신만이라도 달라는 이아손의 요청을 거절하고, 아크로폴리스에 사는 헤라 여신의 성역에 가서 묻어 줄 것이라고 답한다. 헤라 여신은 정식 결혼의 수호여신이기 때문이다. 정식 결혼을 파기한 이아손에 대한 여신의 벌이 있을 것이라는 암시이기도 하다. 그리고 메데이아는 이아손에게 소리친다. "그대는 당연한 응보로 아르고 호의 파편에 머리가 박살 나 악인답게 비참한 죽음을 맞게 될 거예요." 그 말대로 이아손은 아르고 호 고물 밑에서 잠자다가 배가 낡아 선체 일부가 떨어져 내리는 바람에 그 파편에 맞아 죽었다. 아르고 호를 통해 만났던 이 치명적 사랑의 두 연인, 이제 낡아빠진 아르고 호의 파편으로 이아손이 죽었으니, 참으로 기구한 운명의 연인들인 것이다. 황금양피를 찾아온 그리스의 영웅 이아손의 삶은 이렇듯 비참하게 마감한다.

에우리피데스는 메데이아를 지독한 악녀로 묘사했다. 이 극에서 그녀가 이아손의 새로운 부인을 독약으로 살해하고, 그녀의 자식들까지 죽이기 때문이다. 하지만 이 비극에 나오는 메데이아의 대화를 분석하면, 메데이아도 피해자이고 자식을 죽일 수밖에 없는 운명 앞에서 엄청난 고통에 빠진 여인으로 그려지고 있음을 확인하게 된다. 반면 영웅이라는 이아손은 매우 초라하게 나오는데, 이것은 에우리피데스의 의도일 것이다. 이아손의 이런 모습은 아폴로니오스의 『아르고나우티카』에도 나타나고 있다. 즉 아르고호를 몰고 항해하는 영웅적 성격의 이아손이 황금양피를 탈취하기 위한 방법을 구하기 위하여 메데이아를 만날 때는 매우 교활한 말과 기교로 메데이아의 마음을 흔들고 있는 것이다. 그녀를 결혼이라는 말로 유혹하여 확실하게 황금양피를 가지고 그리스로 돌아가야 하기 때문이었다. 후에 이아손이 메데이아를 배신하는 것은 이들이 결혼에 대한 생각이 서로 달랐다는 것을 말해주고 있다. 메데이아는 진실로 이아손을 사랑하여 조국과 아버지를 배신하고 오빠를 죽이면서까지 이아손을 쫓아 그리스로 왔지만, 이아손은 자신을 위하여 그야말로 정략적 결혼을 한 것이었다. 그렇다면 과연 누가 가해자이고 누가 피해자일까? 이 점에 와서 생각할 때, 군이 페미니스트들의 새로운 해석이 아니더라도, 우리는 비교적 용이하게 메데이아가 남성 중심의 신화 세계에서 최대 피해자라는 사실을 알게 된다. 에우리피데스의 『메데이아』에서 메데이아의 심리를 잘 나타내고 있는 대화를 한 가지 인용해 보자.

"내 모든 인생이 자기에게 달려 있다는 것을 잘 알고 있는
내 남편이 가장 비열한 인간으로 드러났기 때문이지요.
생명과 분별력을 가진 모든 것들 가운데

우리 여자들이 가장 비참한 존재들이에요."

메데이아는 이아손에게 인생의 전부를 걸고 있었던 것이고, 그런 남편의 배신은 메데이아를 비참한 존재로 만들고 있는 것이다.

07 페르세우스와 안드로메다

- 사랑과 구원

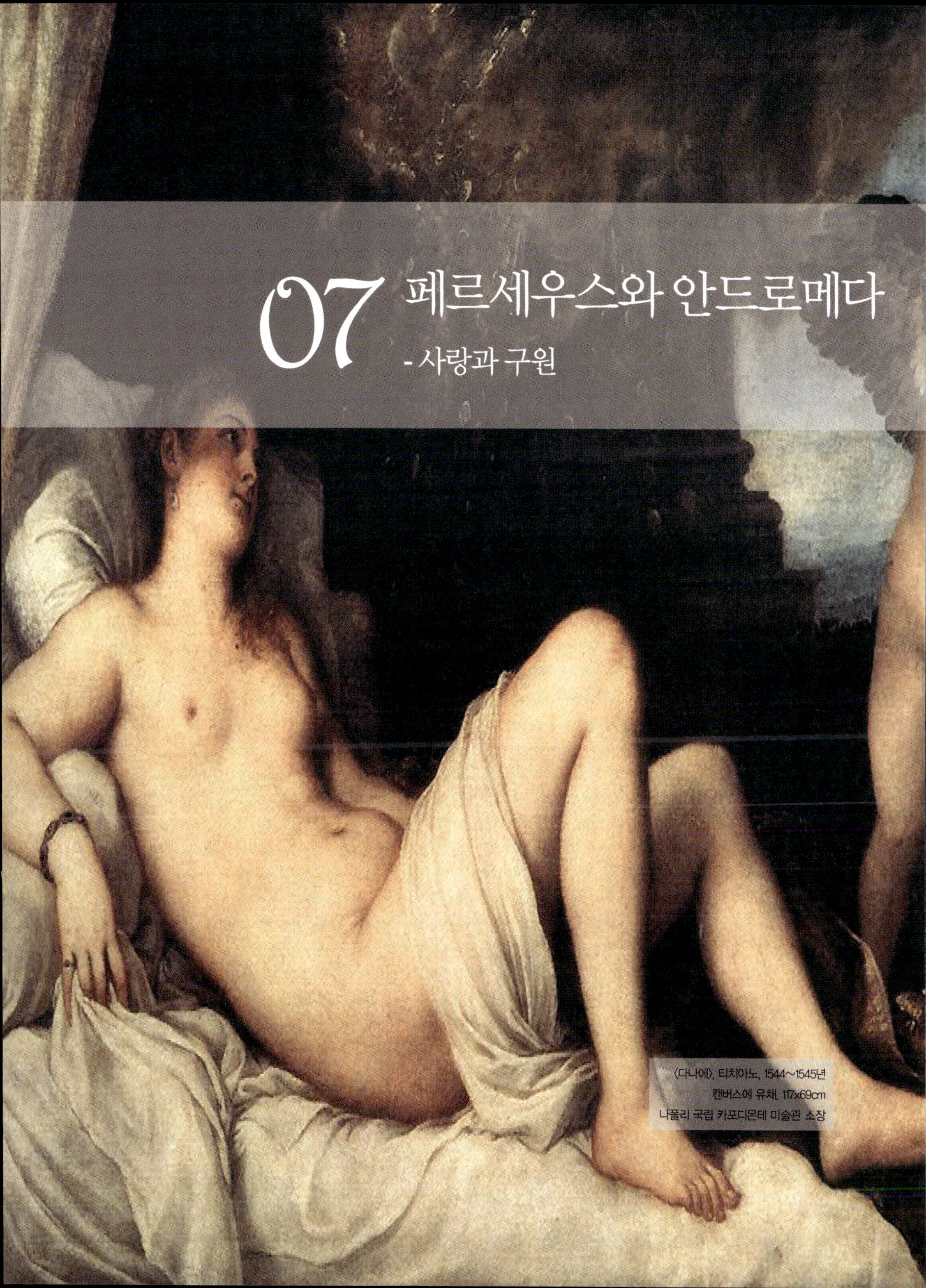

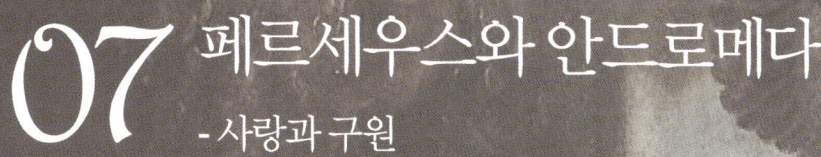

〈다나에〉, 티치아노, 1544~1545년
캔버스에 유채, 117x69cm
나폴리 국립 카포디몬테 미술관 소장

황금비 제우스와 다나에의 은밀한 사랑

아르고스의 왕 아크리시오스는 다나에Danae를 포함하여 두 명의 딸을 두고 있었다. 어느 날 그는 어떻게 하면 남자 자손을 얻을 수 있는지 신탁을 받고자 했는데 신이 대답하기를, 그의 딸은 그를 죽이게 될 아들을 낳을 것이라는 것이었다. 자신의 딸 다나에가 아이를 낳으면 아들이고, 그가 자신을 죽일 것이라는 신탁인 것이다. 이 신탁을 피할 유일한 길은 딸 다나에가 남자를 만나 아기를 갖지 못하도록 하는 것이었다. 그래서 그는 청동 탑을 만들고, 그 안에 다나에를 가두어 아무도 접근하지 못하도록 하였다. 올림포스 산꼭대기에서 세상을 내려다보고 있는 제우스는 아름다운 여인을 발견하고 연정을 품으면 어떻게 해서라도 품에 안아야 직성이 풀린다. 이오, 알크메네, 에우로페, 레다 등과의 사랑에서도 황소나 백조로 변신하여 접근한 후 여자를 취했던 것이다. 여기서도 제우스는 황금 소나기로 몸을 바꾸어 다나에가 갇혀 있는 청동 탑으로 스며든다. "제우스기 황금 소나기로 변해 다나에의 샅으로 흘러 들어가 교합했다."라는 아폴로도로의 말처럼, 이 황금비를 사타구니 사이로 받아들인 다나에는 결국 제우스의 자식을 임신했는데, 이렇게 태어난 자가 바로 그리스 영웅 페르세우스Perseus인 것이다. 다니에가 아들을 낳자, 손자가 자신을 죽일 것이라는 신탁이 이루어질까 두려운 아크리시오스는 딸 다나에와 손자인 페르세우스를 궤짝에 넣어 바다에 띄워 보냈다. 상자나 궤짝에 아기를 넣어 강이나 바다에 띄워 보낸다는 모티브는 신화 이후의 성경이나 민담에서도 지속적으로 나오고 있다. 다나에와 페르세우스 두 모자가 들어 있는 궤짝이 바다를 떠돌다 세리포스라는 섬에 닿자, 그곳의 어부 딕티스가 그 궤짝을 발견하여 두 모자를 구해준다. 당시 세리포스의 왕이었던 딕티스의 형 폴리데크테스는 다나에에게 반하여 그녀를 유혹하려 했지만, 잘생기고 용감한 청년으로 성장한 페르세우스가 어머니 다나에를 보호하고 있어 그녀에게 접근할 수 없었다. 그래서 폴리데크테스는 페르세우스를 제거하기 위하여, 오래 전부터 이 섬을 위협하는 무서운 괴물 메두사Medousa를 죽이고 그 머리를 잘라 오라고 페르세우스에게 명령한다. 머리를 자르기 위하여 메두사와 대결하다가 필경 페르세우스는 죽을 것이라고 믿었기 때문이다. 그런데 페르세우스는 누구인가? 바로 제우스의 아들이 아닌가? 그래서 이때 페르세우스는 여러 신들의 도움을 받게 된다. 하데스는 머리에 쓰면 남의 눈에 보이지 않는 투구를, 헤르메스는 날개 달린 신발을, 아테네는 청동 거울 혹은 광을 낸 청동 방패를 페르세우스에게 준다. 이것들은 페르세우스가 메두사와 싸우는 데 결정적으로 그를 도와주는 도구들이 되는 것이다.

메두사는 고르곤 세 자매 중 막내다. 두 언니는 죽음을 면하고 영생할 수 있는 존재이나, 오직 막내 메두사만이 죽을 운명을 타고난 것이다. 메두사는 "이름난 오케아노스 저편 밤 바로 옆, 세상의 가장 자리에, 거기 맑은 목소리의 헤스페리데스들이 있는 곳에 살고 있었으니."라고 헤시오도스는 노래하고 있다. 헤스페리데스가 사는 곳이면 서쪽 끝을 말한다. 즉 메두사는 세상 서쪽 끝 밤의 세계 속에서 살고 있었는데, 페르세우스가 죽이려 찾아갔을 때도 어두운 동굴 속에서 잠자고 있었다. 이렇게 서쪽 세상의 끝에 살고 있는 메두사의 머리털은 뱀으로 되어 있고 몸은 용의 비늘로 덮여 있었다. 또 눈길이 너무도 무섭고 날카로워 그 눈길로 응시하는 모든 것들은 돌로 변했다. 영웅 페르세우스는 아테네 여신이 준 청동 거울을 이용하여 메두사를 직접 바라보지 않고 그녀의 목을 베는 데 성공한다. 바로 쳐다본다면 돌이 되었을 텐데 거울에 반사된 모습을 겨냥하여 목을 잘라 버린 것이다. 이렇게 목을 베어버리자, 포세이돈의 자식을 잉태하고 있던 메두사의 몸에서 천마 즉 하늘을 나는 말, 페가소스Pegasos가 튀어 나왔다. 이름이 페가소스인 것은 그가 오케아노스의 샘인 페게Pege라는 샘가에서 태어났기 때문이다. 페가소스는 양 떼들의 어머니인 대지를 떠나 위로 날아올라 불사신들에게 갔고 거기서 제우스에게 천둥과 번개를 날라주는 역할을 맡는다. 즉 천마 페가소스도 죽지 않는 말로 탄생된 것이다. 페르세우스는 이 페가소스를 타고 다른 두 고르고 자매의 추격을 피해 달아난다. 또한 헤르메스가 준 날개 달린 신발을 신고 하늘을 날을 수도 있었다. 그리고 하데스가 준 투구를 쓰고 있기에 눈에 띄지 않고 도망할 수 있었던 것이다. 페르세우스는 메두사의 머리를 아테네 여신에게 바쳤다. 아테네는 자신의 방패인 아이기스Aigis의 한 가운데에 붙였는데, 이렇게 하여 아이기스 방패는 어떤 창도 뚫을 수 없는 무적의 방패가 되는 것이다. 메두사는 이렇게 초기 신화에는 신들에 속하는 괴물로 등장하지만, 헬레니즘 시대에 오면 다른 판본이 존재하게 된다. 즉 메두사는 원래 괴물이 아니라 아리따운 소녀였는데, 감히 아테네 여신과 아름다움을 경쟁하다가 여신의 미움을 받게 되어 그녀가 특히 자랑하는 멋진 머리카락을 여신이 뱀 떼로 바꾸어 버려 괴물로 만들었고, 영웅 페르세우스로 하여금 그녀의 목을 베도록 했다는 것이다. 포세이돈이 아테네 신전에서 그녀를 겁탈한 것을 응징하려고 여신이 그녀를 괴물로 만들었다고 하는 이도 있다. 어쨌든 여신에 도전하는 것은 특히 여신의 미에 자신의 아름다움을 견주려한다든지, 신전에서 음탕한 사랑의 행위 혹은 처절한 살인 행위를 저지르면 필히 신의 징벌을 받게 되어 있다.

안드로메다를 구원하는 페르세우스

메두사의 목을 자른 페르세우스는 곧바로 세리포스 섬으로 돌아가지 않고, 자신의 선조였던 다나오스와 린케우스의 고향인 아이깁토스(지금의 이집트)를 거쳐 동쪽으로 날아가다가 이디오피아라고 불리는 케페우스의 나라에 이르렀다. 그리고 그 나라 어느 바닷가 위를 날다가 바위에 묶여 있는 어느 아름다운 처녀를 발견한다. 이티오피아 왕 케페우스의 왕비 카시오페이아가 예쁘기로 이름난 바다의 신 네레우스의 그 많은 딸들을 다 합친 것보다 자기가 더 예쁘다고 큰소리친 일이 있었다. 이 때문에 화가 난 바다의 요정들은 거대한 괴물을 보내어 이 나라 해안을 아주 못쓰게 만들었던 것이다. 이 바다 요정들의 노기를 가라앉히기 위하여 케페우스는 신탁을 청했는데, 신탁에 따르면 그의 딸 안드로메다Andromeda를 바쳐야 요정들의 분노가 가라앉겠다는 것이었다. 안드로메다가 바닷가 바위에서 사슬로 묶여 있는 것은 이렇게 바다괴물에 제물로 바쳐지기 위한 것이었다. 페르세우스가 하늘에서 내려다 본 안드로메다는 정말 아름다웠다. 그녀는 창백한 얼굴에 미동도 하지 않았으나, 뺨에는 눈물이 흐르고 머리는 바람에 흩날리고 있었다. 그녀에 대한 측은한 생각이 바로 연민으로 그리고 곧 사랑으로 바뀌었다. 페르세우스는 안드로메다를 구해야겠다고 결심한 후, 우선 왜 이렇게 바닷가 바위에 묶여 있는지 그 사연을 그녀에게 물었다.

"오 처녀여! 사랑의 사슬에 묶여 있어야 마땅한 그대가 이런 무서운 사슬에 묶여 있다니! 그대가 사는 이 나라 이름이 무엇이고 왜 이렇게 되었는지 까닭을 말해주오."

한참 머뭇거리다 페르세우스의 거듭된 요청에 안드로메다는 자신이 제물로 바쳐지게 된 이유를 밝혔다. 바로 이때 안드로메다의 말이 다 끝나기도 전에 바다를 가르고 괴물이 나타났다. 괴물 케토스는 머리를 바다 위로 불쑥 내민 채 넓은 가슴으로 물결을 가르며 돌진해 왔다. 안드로메다는 비명을 질렀다. 안드로메다의 부모도 곁에 있었지만 어떻게 손을 써볼 수 없어 그저 통곡하며 딸을 껴안으려 했을 뿐이다. 그때 페르세우스가 외쳤다.

"눈물은 나중에 얼마든지 흘릴 수 있습니다. 지금 급한 것은 한시바삐 처녀를 구하는 일입니다. 나는 제우스의 아들이며, 고르곤의 정복자입니다. 그러니 처녀에게 구혼할 자격이 되겠지요? 내 힘으로 처녀를 구원 할 테니, 저 처녀를 내게 주십시오."

그리고는 하늘로 치솟았다가, 마치 지상의 먹이를 보고 높은 곳에서 수직 하강하는 독수리처럼 쏜살같이 내려와 괴물을 칼로 수없이 내려쳤다. 저항하던 괴물은 페르세우스의 공격에 쓰러졌고, 마침내 안드로메다는 구원되었다. 구원한 안드로메다와 1년 동안 케페우스의 나라에 머물렀던 페르세우스에게 아들 페르세스가 태어난다. 성장한 페르세스는 케페우스의 왕위를 물려받았고, 훗날 페르시아인들의 조상이 된다. 아들 페르세스가 태어난 직후, 안드로메다는 아들 페르세스를 남겨두고 페르세우스와 함께 세리포스 섬으로 향한다. 세리포스는 페르세우스가 궤짝에 실려 떠돌다 구출되어 정착한 곳이며 어머니 다나에가 살고 있는 곳이다. 또 자신에게 메두사의 머리를 잘라오라고 명령한 그 섬의 폴리데크테스를 만나야 하기 때문이다. 이렇게 아내 안드로메다와 세리포스에 돌아온 페르세우스는 어머니 다나에를 차지할 목적으로 자신을 죽이기 위하여 메두사의 머리를 잘라오라고 명령했던 세리포스의 왕 폴리데크테스에게 간다. 왕은 마침 잔치를 벌이고 있었는데, 그는 그들에게 메두사의 머리를 가져왔다고 소리치며 자루에서 그것을 꺼내 보였다. 엉겁결에 메두사의 머리를 본 그들은 모두 돌로 변해버렸다.

그 이후, 아내 안드로메다를 데리고 고국인 아르고스로 돌아온 페르세우스는 과거에 자신과 어머니 다나에를 궤짝에 버린 외할아버지 아크리시오스를 찾아간다. 외할아버지와 화해하기 위한 것이었다. 그러나 아크리시오스는 그동안 페르세우스의 행적을 전해 듣고 손자가 자신을 해칠까 두려워 이웃나라로 도망친다. 오해를 풀기 위해 외할아버지를 찾아 나선 페르세우스는 때마침 외할아버지가 피신 가 있는 그 나라에서 열린 원반던지기 대회에 참가하여 경기를 벌이다가 원반을 잘못 던져 우연히 관중석에 앉아 있던 외할아버지를 맞혀 죽이게 된다. 손자가 자신을 죽일 것이라는 신탁은 정말 기구한 운명처럼 그대로 실현되어 버린 것이다. 신탁을 피할 자는 신화에서 아무도 없는 것이다.

〈페르세우스와 안드로메다〉, 프랑수아 르무안, 1723년
캔버스에 유채, 184x151cm
런던 월리스 컬렉션 소장

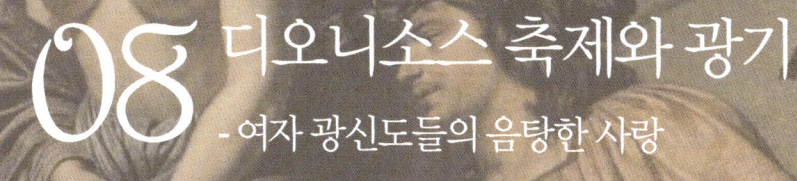

08 디오니소스 축제와 광기
- 여자 광신도들의 음탕한 사랑

〈젊은 디오니소스에게 포도주, 과일, 꽃들을 주는 요정들〉, 에베르딘겐, 1670~1678년
캔버스에 유채, 162x180cm
뒤셀도르프 쿤스트 박물관 소장

제우스와 세멜레의 사랑
– 디오니소스의 탄생

왕뱀 피톤의 아내 피티아가 인간으로 변신되어 아폴론 신전의 여사제로서 신탁을 전하는 것은 결국 헤라의 질투로 발생된 아폴론의 왕뱀 죽이기로부터 시작되었다. 헤라의 질투 혹은 헤라의 분노는 신화 구조의 핵심적인 요소로 작동하고 있다. 헤라의 분노, 이것은 다른 신들과 마찬가지로 자신의 신전을 경시한다든지, 자신에게 제물을 소홀히 바친다든지 하는 것으로 발생되는 것인데, 황금양피를 찾기 위한 아르고 호의 원정에서 헤라가 이아손 등 그 원정대의 영웅들을 도와준 것은 펠리아스에 대한 헤라의 분노 때문이었다. 그리고 헤라의 질투, 이것은 제우스의 애인들에 대한 헤라의 강한 감정의 표시인데, 이 질투는 결국 제우스와의 혼인관계를 지키는 노력으로 해석되어 우리는 헤라를 정식 결혼의 수호의 여신으로 지칭하게 된다. 그렇지만 여자의 질투가 다 그런지 어떤 때는 매우 가혹하고 매정한 것이어서, 제우스 여자들의 목숨도 앗아가기도 한다. 디오니소스의 탄생은 헤라의 무서운 질투와 관련된다. 제우스의 여자 중에 세멜레가 있는데, 세멜레는 제우스와의 사랑을 통하여 제우스의 아이를 임신하고 있었고, 제우스의 부인 헤라는 세멜레를 그냥 두지 않았다. 이 신화는 오비디우스의『변신이야기』에 상세히 기록되어 있다.

세멜레가 테베의 건설자 카드모스의 딸이기에 헤라의 질투는 더 매몰찬 것이었다. 제우스의 또 다른 연인 에우로페가 바로 카드모스의 누이였기 때문이다. 세멜레에 대한 질투에 사로잡힌 헤라는 세멜레에 대하여 악담을 하다가 이렇게 중얼거린다.

"입으로 아무리 악담해봐야 그게 무슨 소용이야? 이번에는 내 손으로 이 계집을 결딴 내어야겠다. 내가 누구더냐? '전능한 헤라여신'이라고 불릴 권리가 있는 여신이 아니더냐? 저 계집은 제우스의 자식을 배고 있다. 이로써 내가 칠 명분은 충분하다. 내 이년이 좋아하는 제우스의 손을 빌려 스틱스의 강물에 처박지 못하면 크로노스의 딸이 아니다!"

이 말 끝에 옥좌에서 일어난 헤라는 황금빛 구름으로 몸을 가리고 세멜레의 집을 찾아갔다. 그리고 세멜레의 늙은 하녀로 변장하고 세멜레 앞에 나타났다. 그리고는 그 늙은 하녀의 목소리로 이렇게 말했다.

"아씨, 제가 들은 소문대로 아씨 댁을 드나드는 그분이 제우스 신이시라면 얼마나 좋겠어요? 하지만 많은 사내들은 순진한 처녀 방을 기웃거릴 때 늘 신들 행세를 하니, 이번에 그분이 오시면 한번 여쭈어보시고 정말 제우스 신이시라고 하시면, 위대하고 영광스러우신 신의 모습을 보여 달라고 하세요. 위풍당당하게 벼락까지 차고 오셔서 안아달라고 하세요."

하녀로 변신한 헤라의 이 꼬드김은 결국 세멜레를 죽게 만드는 음모였던 것이다. 만약 제우스가 본래 신의 모습으로 인간들 앞에 나타난다면, 무시무시한 광채를 띠는 제우스를 보는 순간 인간들은 그 불빛에 타버리고 죽을 수밖에 없기 때문이다. 이것이 자신을 죽이려는 음모인지 전혀 눈치 채지 못한 세멜레는, 며칠 뒤 제우스가 나타나자, 소원이 있다면서 꼭 들어달라고 제우스에게 보챘다. 제우스는 무슨 부탁이든 다 들어주겠다고 하자, 이렇게 간청한다.

"그럼 말씀드리지요. 헤라 여신 앞에 나타나실 때, 헤라 여신과 사랑을 나누실 때의 모습을 저에게도 보여주세요."

말하자면, 그대가 제우스라면 제우스 신의 모습을 보여 달라는 것이다. 그렇지만 이 간청은 나를 죽여 달라는 것과 다름 아니다. 제우스는 깜짝 놀랐지만, 어떤 부탁이라도 다 들어준다고 약속했기에 세멜레의 간청을 거절할 수 없었다. 천상으로 올라간 제우스는 드디어 본래의 모습으로 벼락방망이를 손에 들고 천상의 신이 내뿜는 광채를 띠면서 세멜레 앞에 나타났다. 세멜레는 어떻게 되었을까? 세멜레는 인간이므로, 이 인간의 육체는 천상의 신이 내뿜는 광휘를 견딜 수 없는 것이다. 세멜레는 제우스의 어마어마한 광채 앞에서 새카맣게 타버렸다. 결국 헤라의 무서운 질투로 인하여 제우스의 아이를 밴 세멜레는 죽고 만 것이다. 세멜레가 이렇게 죽자, 제우스는 헤르메스로 하여금 이 세멜레의 배 속에 들어 있던 아이를 거두게 하고는 자기 허벅다리에 넣고 실로 기운 뒤, 3개월을 더 키워서 끼냈는데, 이렇게 해서 자라난 아이가 나중에 포도주의 신이 되는 디오니소스Dionysos인 것이다. 이 디오니소스를 받아 양육한 여자는 이노Ino였는데, 이노는 테베의 건설자인 카드모스Kadmos의 딸이므로, 세멜레와 자매지간이다. 이노에 이어 아기 디오니소스를 키운 니사의 요정들은 행여나 헤라가 알까봐, 이 제우스의 아들을 동굴에다 숨기고 우유로 길렀다. 이 이야기는 아폴로도로스의 『도서관』에 이렇게 나와 있다.

"때가 되자 제우스는 꿰맨 자리를 풀고 디오니소스를 낳아 헤르메스에게 맡겼다. 그러자 헤르메스는 이노와 아타마스에게 아이를 데려가 소녀처럼 기르도록 설득했다. 헤라는 이를 못마땅하게 여기고 그들을 미치게 하였다. (……) 디오니소스는 제우스가 새끼 염소로 둔갑시켜 헤라의 노여움을 피하게 하였다. 그러자 헤르메스가 그를 니사에 살던 요정들한테 데리고 갔고 제우스는 후일 이들을 별자리로 바꾸어 히아데스라고 이름 지어 주었다."

죽은 언니 세멜레를 대신하여 디오니소스를 양육해 준 이노는 아이올로스의 큰아들 아타마스의 후처가 되는데, 디오니소스를 키워준 것에 화를 품고 있던 헤라가 그 복수심으로 인하여 이노와 그녀의 남편 아타마스를 미치게 하였고, 광기에 빠진 그들은 자신의 아들들을 죽인다. 그녀는 죽은 아들을 안고 바다로 뛰어들었는데, 바다의 신 네레우스의 딸들인 네레이데스가 받아주어 결국 난파선을 보호하는 신 레우코테아가 된다. 레우코테아는 '하얀 여신'이라는 뜻인데, 나중에 오디세우스Odysseus가 요정 칼립소Kalypso의 곁을 떠나 손수 만든 뗏목을 타고 귀향하다가 포세이돈이 보낸 폭풍을 만났을 때 그를 구해준 것이 바로 레우코테아였다. 오디세우스는 칼립소가 준 무거운 옷을 벗어던지고 레우코테아가 준 머릿수건을 두름으로써 엄청난 너울이 잔잔해질 때까지 견뎌낼 수 있었다. 이 장면은 호메로스의 『오디세이아』에 상세히 기록되어 있다.

디오니소스의 종교와 여자 광신도들

디오니소스는 성인이 되면서, 포도 재배법과 그 귀중한 즙을 짜는 방법을 발견했다. 그가 포도주의 신이 되는 것은 바로 이런 연유다. 그렇지만 헤라의 질투는 무섭고 또한 끈질기다. 헤라는 디오니소스를 미치게 하고, 살던 곳에서 쫓아내 떠돌이 생활을 하도록 만든다. 방랑하던 디오니소스가 프리기아에 갔을 때 레아 여신이 그의 광기를 치유해 주고 신비한 종교의 의식을 가르쳐 주었다. 다시 길을 떠난 디오니소스는 아시아 땅을 다니면서 포도 재배법을 가르쳤다. 그는 인도에서 깨달음을 얻어 자신의 고향 테베로 돌아왔지만, 당시의 왕 펜테우스는 디오니소스의 포교 활동을 금지시킨다. 그렇지만 그가 돌아왔다는 소식을 접한 사람들이 몰려나와 열렬히 환영했는데 그중 여자들이 많이 있었다. 레아 여신으로부터 새로운 종교 의식을 전수받은 디오니소스는 어떤 영적인 힘이 있었던 것 같다. 그를 따르는 여신도들은 디오니소스이 종교에 빠져 거의 광적인 힘으로 포도주를 마시고 흥겨운 축제 혹은 종교의식을 벌이곤 하였다. 이런 디오니소스의 종교를 금지할 목적으로, 테베의 왕 펜테우스는 디오니소스를 섬기는 무리들이 있는 곳으로 직접 갔다가 자신의 어머니 아가우에 및 이모들이 포함된 여자 광신도들에 의하여 사지가 찢겨 죽임을 당한다.

펜테우스의 죽음에 관한 이야기는 비극 작가 에우리피데스의 『박코스의 여신도들』에 상세히 나와 있다. 사실 펜테우스의 어머니 아가우에가 실성한 상태에서 아들이 사냥감인 사자인줄 알고 죽이게 된 것은 애당초 디오니소스를 섬기지 않았기 때문에 생긴 일이다. 즉 디오니소스는 자신을 제우스의 아들이 아니라고 비방하고 신으로 인정하지 않았던 카드모스의 딸들을 미치게 하여 이런 비극을 초래하게 만든 것이다. 따라서 이런 처참한 일이 있고 난 후 사람들이 모두 디오니소스 신전에 가서 그를 섬기고 그의 여신도들이 되었다. 결국 테베의 왕 펜테우스가 처참하게 죽은 이후, 디오니소스 종교는 확립된 것이다. 디오니소스는 아르고스로 갔으나, 그곳에서도 처음에 자기를 존중하지 않자 여인들을 미치게 하였다. 신화 원전 작가인 아폴로도로스는 자신의 작품『도서관』에서 "디오니소스가 아르고스 여인들을 미치게 하였다."라고 말하고 있으며, "미친 여인들은 자신들의 젖먹이들을 산으로 안고 가서 그 고기를 먹었다."라고 기술하고 있다. 디오니소스는 이렇게 자신을 믿지 않는 여인들은 미치게 만들어 결국 자신의 광신도로 삼게 했던 것 같다. 칠현금, 즉 리라의 명수이며 그리스 최고의 가인인 오르페우스가 참수를 당하는 것도 이 여자 광신도들의 짓이었다. 광신도들의 광기는 우리가 상상하는 것 이상으로 매우 혼란스럽고 사랑에서도 아주 난삽했던 것으로 알려져 있다. 도취와 광기에 빠진 디오니소스의 여신도들을 마이나데스Mainades라고 불렀는데 '미친 여자들'이라는 뜻이다. 그런데, 신도들이 대개 여성이라는 것은 무엇을 의미할까? 당시 여성들은 사회적 약자로서 노예나 다를 바 없어 신비한 종교의식이 있는 축제와 포도주로 현실의 고통을 잊게 하는 디오니소스를 쉽게 추종하게 되었을 것이다. 일종의 여성해방으로 해석될 수도 있으리라.

　밤에 거행되는 광란의 디오니소스의 축제 때 신도들은 가면을 쓴 채, 술을 마시고 도취의 상태에서 횃불과 디오니소스 지팡이를 들고는 팀파논tympanon이라는 작은 북을 열정적으로 친다. 그리고 지쳐 쓰러질 때까지 광란의 춤을 추는 이 축제는 절제되지 않

〈목신들에 놀란 아르테미스와 그녀의 요정들〉(부분), 루벤스, 1638-1640년
캔버스에 유채, 128x314cm
마드리드 프라도 박물관 소장

은 사랑의 행위들 혹은 무아지경에서 이루어지는 산짐승들의 처참한 죽임 등으로 마무리 된다. 그런데 이런 방탕한 축제의 신화적 의미는 무엇일까? 현대적으로 해석할 수 있는 여성의 극단적 자기 해방의 상징 외에 우리는 이 무아경의 탈진 상태에서 나올 수 있는 창조력을 생각해 본다. 윤일권, 김원익이 『그리스 로마 신화와 서양문화』에서 한 "이들이 맛보려고 하는 것은 죽음이요 탈 한계이다. 죽음은 자연으로부터 이탈한 개체로서의 한계를 극복하고 대자연의 도도한 흐름에 동참하는 것이다. 그것은 무한 창조와 영원의 세계로 통하는 길이기도 하다. 이런 까닭으로 술이 시인과 예술가의 영원한 벗인지도 모르겠다. (……) 창조력이 결여된 디오니소스는 객기와 방종과 무질서를 낳을 뿐이다."고 지적하고 있다. 기원전 5세기경에 태동된 그리스 비극의 원류는 바로 디오니소스의 축제인데, 염소와 인간의 모습을 띠고 있는 음탕한 사랑의 신 사티로스의 가면을 쓰고 축제를 벌인 신도들의 노래에서 왔다는 것이 정설이다. 비극을 의미하는 그리스어 '트라고디아tragodia'는 양이라는 뜻의 '트라고trago'와 노래라는 뜻의 '디아dia'가 합쳐서 생긴 단어라고 한다. 즉 양의 노래인데 염소의 탈을 쓰고 노래를 부르고 춤을 추는 형식이었던 것이다.

사티로스는 본래 목신 판을 지칭한다. 판은 목자들과 양 떼의 신으로 나무로 만든 피리 시링크스syrinx의 발명자이기도 하다. 헤르메스와 암염소 사이에서 태어났으며, 사람의 상반신에 염소의 다리와 귀와 뿔을 갖고 있었다. 판은 또한 호색한이어서 갑자기 나타나 숲 속의 요정들을 놀라게 하고 겁탈하려고도 했던 신으로 알려져 있다. 판이 사티로스로 불릴 때는 디오니소스의 여신도들과 사랑을 하는 경우가 많다. 목신 판이 갈대 피리 시링크스를 만들게 된 이야기는 시링크스 요정과 관련된다. 사냥에서 돌아오던 시링크스는 소나무 잎으로 관을 만들어 쓰고 있는 판을 우연히 만났다. 이 목신이 말을 걸며 유혹하자, 시링크스는 도망치기 시작했다. 시링크스는 아르테미스 여신만을 숭배하며 아르테미스와 사냥을 즐기고 남자는 멀리하고 있는 요정이었기에, 판의 사랑을 거부했던 것이다. 도망가다가 어느 강변 가까이에 와서 판에게 따라 잡히게 되자, 시링크스는 친구들인 물의 요정들에게 도움을 청하여 판이 자신을 껴안는 순간, 갈대로 변신해버렸다. 비록 갈대로 바뀌는 한이 있더라도 남자의 사랑을 허용할 수 없다는 아르테미스의 여 사제다운 변신인 것이다. 사랑에 실패한 목신은 이 갈대 앞에서 긴 한숨을 지었는데, 이 한숨이 갈대숲을 지나면서 애끓는 소리로 바뀌었다. 목신은 이 소리가 갈대로 변신한 시링크스의 애절한 목소리로 생각하고, 길이가 각기 다른 갈대를 밀랍으로 나란히 붙여 악기로 만들고 이것을 '시링크스'라고 불렀던 것이다.

09 오르페우스의 아내사랑과 아르테미스의 남성 증오

〈아르테미스와 악타이온〉(부분), 체사리, 1603∼1606년
동판에 유채, 50x69cm
부다페스트 Szépművészeti 박물관 소장

칼리오페와 아폴론의 사랑
―오르페우스의 탄생과 죽음

우리가 흔히 시의 여신을 뮤즈Muse라고 부른다. 이 뮤즈라는 이름은 그리스어의 무사Mousa 혹은 무사의 복수형인 무사이Mousai에서 온 말이다. 무사이는 제우스와 기억의 여신 므네모시네Mnemosyne의 딸들로 모두 아홉 명이며 시가의 여신들로 불린다. 딸들이 9명인 까닭은 제우스가 여신 므네모시네를 찾아가 그녀와 9일 밤을 동침하며 사랑을 맺었기 때문이라고 한다. 이 아홉 명의 무사이는 기억의 여신인 어머니로부터 이어받은 기억력으로 신들의 나라와 인간 세상의 온갖 예술을 담당하게 되는 것이다. 호메로스와 헤시오도스 그리고 아폴로니오스와 같은 그리스 서사 시인들은 으레 "노래하소서 여신이여……" 혹은 "무사 여신들이여, 노래로 명성을 주시는 분들이여, 이리 오셔서 그대들의 아버지 제우스를 노래로 찬미하소서!" 등 무사 여신들을 부르며 노래를 시작한다. 자신들의 시적 영감을 불러일으켜 달라는 언사로 작품이 서두를 장식하는 것이다. 무사이는 자주 올림포스 천상에서 열리는 신들의 잔치에 가서 시와 음악으로 흥을 돋우었지만, 평상시에는 그녀들의 고향인 이 헬리콘 산자락에서 지냈으며, 천마인 페가소스의 말굽자리에서 생겨난 샘가에서 샘물을 즐겨 마셨다. 왜냐하면, 이 물이 무사 여신들에게 영묘한 시상을 떠오르게 하였기 때문이었다. 시가의 여신인 무사이는 음악을 즐기다 보니 자연스럽게 음악의 신 아폴론과 친해졌고, 함께 어울리는 때가 자주 있었다.

결국 이 수금의 명수인 아폴론과 무사 여신들의 아홉 자매 중 막내인 칼리오페 **Kalliope** 사이에서 오르페우스**Orpheus**가 태어났다. 칼리오페는 현악기와 서정시를 담당했던 여신이므로, 오르페우스의 부모는 둘 다 음악에 뛰어난 신들이다. 오르페우스는 이런 부모로부터 음악의 재주를 이어받아 그리스의 전설적인 가인이며 뛰어난 리라연주가로 성장하였던 것이다. 그런데, 황금양피를 찾으러 콜키스로 떠나는 아르고 원정대의 55인의 영웅들 중에서 아폴론의 아들인 이 오르페우스가 가장 먼저 언급되어 있다. 여기서 오르페우스의 뛰어난 수금 연주 실력은 이렇게 묘사되어 있다.

"오르페우스의 노랫소리는 꿈쩍도 하지 않는 산의 바위와 도도하게 흐르는 강물도 감탄시킨다. 트라케 해변의 야생 참나무들조차도 그의 노래에 화답하여, 무성하게 새싹을 틔우며 빽빽하게 열을 지어 행진한다. 그 참나무들은 이미 오르페우스의 리라 연주에 홀려 피에리아 산 정상에서 그 해변으로 내려왔었다."

오르페우스는 에우리디케**Eurydike**라는 처녀와 결혼했다. 그렇지만 이 두 사람의 행복한 결혼 생활은 너무도 짧게 끝나고 만다. 결혼한 지 얼마 되지 않은 어느 날 에우리디케는 친구들과 올림포스 산기슭으로 꽃을 꺾으러 갔는데, 그녀의 미모에 반한 아리스타이오스라는 청년이 말을 걸어오자, 그를 피해 에우리디케는 달아난다. 뛰어 도망가다가 에우리디케는 풀숲에 숨어 있는 뱀을 밟았고, 그 뱀이 에우리디케의 발꿈치를 물어 이 새색시는 그만 숨을 거두고 말았던 것이다. 밤낮으로 죽은 아내를 그리워하며 슬퍼하던 오르페우스는 에우리디케를 데리러 저승세계로 내려간다. 그는 저승을 지키는 머리가 셋 달린 괴물 개 케르베로스와 뱃사공 카론을 뛰어난 솜씨의 노래와 리라 연주로 감동시켜 스틱스 강을 건너는 데 성공한다. 이런 오르페우스의 노래와 음악이 저승의 신 하데스와 그의 부인 페르세포네도 매료시켜 결국 아내를 데려가도 좋다는 허락을 받게 된다. 그러나 오르페우스는 지상으로 다 나갈 때까지 몸을 돌려 뒤따라오는 아내를 바라보지 말라는 하데스의 엄중한 명령을 받는데, 이 명령을 지키려 애쓰며 오르페우스는 아내가 잘 따라오는지 궁금한 것도 참아내고 저승을 거의 다 빠져 나오게 된다. 이제 지상의 환한 빛을 받기 시작한 오르페우스는 다 나왔다는 안도감에서 뒤따르는 아내도 다 나왔는지 확인하고 싶어 몸을 돌려 아내를 보고 말았다. 하데스의 명령을 깜빡 잊은 것이다. 아직 채 저승의 어둠을 벗어나지 못한 그의 아내 에우리디케는 불쌍하게도 또 다시 저승의 깊은 나락으로 떨어지고 말았다.

아내를 지상세계로 데려오는 데 실패한 오르페우스는 절망과 아내에 대한 그리움으로 일곱 달 동안 트라케 땅의 어느 동굴에 은거했다. 그리고는 절대 다른 여자를 쳐다보지도 않은 채 오로지 에우리디케에 대한 추억에 잠겨 살았다. 디오니소스의 여자 신도들인 마이나데스가 그의 마음을 사로잡으려 무진 애를 썼으나 오르페우스의 아내 사랑 앞에서는 소용없었다. 이런 오르페우스를 질시한 광신도들이 광기의 축제를 마치고 돌아가다 우연히 오르페우스를 만나자 모두 달려들어 그의 사지를 찢어 죽여 버린다. 마이나데스의 광기는 무서운 셋이다.

오르페우스의 죽음은 아폴론과 디오니소스의 대립으로 파악할 수 있다. 아폴론은 항상 밝은 빛의 이미지를 갖고 있는 단정한 기품의 이지적인 신인데 반해, 어두운 이미지의 디오니소스는 반이성적이고 인간 본성에 보다 가까운 신이라고 볼 수 있다. 그런데 오르페우스는 아폴론의 아들이다. 따라서 그는 인간 근원에 존재하는 불분명한 욕망의 광기어린 표출에 기대고 있는 디오니소스의 종교에 반감을 가지고 있었을 것이다. 아폴

론과 그의 아들 오르페우스가 부는 단아한 소리의 수금이 디오니소스 광신도들이 마구 쳐대는 불규칙한 북과는 근본적으로 다른 것이 바로 오르페우스와 디오니소스의 차이를 상징하고 있다. 우리나라의 궁정음악인 아악과 타악기 위주로 된 사물놀이 패와의 차이를 생각하면 쉽게 이해될 수 있을 것이다. 아무튼 오르페우스의 죽음은 자기 절제적인 이성에 대한 본능적 욕망의 승리를 상징하는 것이며, 또 다른 각도에서 볼 때, 남성 중심적 세계에서 급진적 혁명을 노리는 여성의 자기 해방의 산물일 수도 있다.

아르테미스의 나신(裸身)을 엿본 악타이온

아르테미스는 제우스와 레토 사이에 태어난 여신인데, 태양의 신, 음악의 신, 의술의 신으로 알려진 아폴론과는 쌍둥이 남매 사이다. 아폴론이 태양의 신을 맡을 때, 아르테미스는 달의 여신 자리를 맡았지만, 실제로 신화에서는 사냥의 여신으로 많이 등장한다. 아버지 제우스에게 순결을 잃지 않겠다고 약속했기에, 숲 속에서 오직 자신을 섬기는 여 사제들, 즉 시종 요정들과 함께 사냥과 목욕을 즐기며 지내는 여신이다.

오르페우스의 불행을 몰고 온 아내 에우리디케의 죽음은 아리스타이오스의 무모함에서 비롯되었다. 아리스타이오스가 에우리디케를 쫓아오는 바람에 에우리디케는 도망가다가 독사에 물려 죽었던 것이다. 이 아리스타이오스는 카드모스의 딸 아우토노에와 결혼하여 악타이온을 낳게 된다. 그런데 아우토노에는 누구인가? 테베의 왕 펜테우스가 자신의 어머니 아가우에와 아가우에의 자매들, 즉 자신의 이모들이 포함된 디오니소스 여자 광신도들에 의하여 처참한 죽임을 당했다. 펜테우스의 어머니와 함께 광기에 빠진 펜테우스의 이모들 중 한 명이 바로 아우토노에인 것이다. 즉, 악타이온의 아버지 아리스타이오스는 죄 없는 에우리디케를 독사에 물려 죽게 만든 사람이고, 어머니 아우토노에는 미쳐서 조카 펜테우스를 죽인 여자다. 악타이온은 이렇게 죄 많은 부모의 피를 받고 태어났던 것이다.

어느 날 악타이온은 사냥을 마치고 돌아가다가 길을 잃고 우연히 숲 속 냇가에서 목욕하고 있는 아르테미스 여신과 그녀의 여 사제들을 보게 된다. 목욕하는 장면이니 아르테미스를 포함한 여 사제들은 알몸이었다. 아르테미스는 오빠 아폴론처럼 능숙한 활솜씨로 사냥을 즐기는 사냥의 신이며, 또한 남성을 멀리하는 처녀 수호의 여신이기도 하다. 숲 속에서 아름다운 사제들에게 둘러싸여 사냥을 즐기는 아르테미스는 남성을 증오하면서, 자신의 사제들 중에 처녀성을 잃는 자가 나타나면 가차 없이 냉혹한 벌을 가하는 여신이다. 그러니 자신의 나체를 본 사냥꾼 악타이온을 이 남성 증오의 여신이 가만히 놔 둘 리가 없을 것이다. 악타이온에게 분노에 차서 그 대가를 치르도록 한 것은 당연했다. 아르테미스는 그에게 물을 뿌리며, 이렇게 말했다.

"자, 이제 할 수 있겠거든 어디 아르테미스의 알몸을 보았다고 해 보아라!"

아르테미스의 이 말이 끝나기가 무섭게 물방울이 튄 악타이온의 머리에는 뿔이 나기 시작하면서 사슴으로 몸이 바뀌었다. 남성을 싫어하는 표독스런 여신이 사냥꾼 악타이온을 사슴으로 변신시키어, 자기 몸을 보았다는 말을 영원히 할 수 없도록 만들었지만, 악타이온의 비극은 여기서 끝나는 것이 아니다. 사슴으로 몸이 바뀌자 놀라 도망가는 악타이온을 보고, 악타이온의 사냥개들이 주인인 줄도 모르고 달려들어 악타이온을 갈기갈기 찢어 죽이는 것이다.

아르테미스의 요정이 순결을 잃어버리면 어떻게 되는가를 칼리스토의 경우를 통하여 보자. 칼리스토는 제우스와 사랑을 통하여 임신까지 하게 되는데, 그 과정은 이렇다. 어느 날 천상의 대신 제우스는 하늘에서 지상을 내려 보다가 사냥을 마치고 숲 속에서 쉬고 있는 아름다운 칼리스토를 발견한다. 처녀 수호의 여신인 아르테미스를 따르는 요정이므로 칼리스토는 남자를 멀리하고 있었다. 따라서 그냥 다가서면 칼리스토가 도망갈 것이 확실하므로 제우스는 칼리스토가 받아들일 수 있는 다른 모습으로 변신하여 그녀에게 접근한다. 바로 그녀의 여주인인 아르테미스로 몸을 바꾸어 지상에 내려와 칼리스토를 유혹한 것이다. 아무 것도 모르는 순진한 칼리스토는 아르테미스(변신한 제우스)가 그녀를 포옹하자 오히려 편안하고 행복해 하였다. 그때, 제우스는 본 모습으로 돌아와 놀란 칼리스토의 저항을 뿌리치고 억지로 그녀의 몸을 취하게 된다. 사랑을 나누고 몇 달 후 그녀의 아랫배가 불러왔다. 제우스의 아이를 임신한 것이다. 이 사실을 만약 아르테미스가 안다면 어떤 벌이 내릴지 몰라 칼리스토는 전전긍긍하고 있었다. 칼리스토는 아르테미스와 함께 목욕하는 것도 피하고 앞으로 나서지도 못했다. 그러나 계속 숨길 수는 없었다. 어느 날 아르테미스가 모두 목욕하자고 요정들에게 말했다.

"자 여기 엿보는 자가 없으니 모두 옷을 벗고 멱을 감도록 하자."

아르테미스의 이 명령에 모두 목욕할 준비를 하는데 오로지 칼리스토만이 머뭇거리고 있었다. 그러자 주변의 다른 요정들이 그녀의 옷을 벗겨버렸다. 배부른 칼리스토의 알몸이 드러난 것은 당연한 일이었다. 이것을 본 아르테미스는 분노하여 이렇게 소리친다.

"꺼져 버려라! 이 거룩한 시냇물을 더럽히지 말고 꺼져버려라!"

그렇지만 칼리스토에게 결정적인 벌을 준 이는 아르테미스가 아니라, 제우스의 정실부인 헤라였다. 칼리스토가 결국 아들까지 낳게 되자, 질투에 사로잡힌 헤라가 그녀를 곰으로 변신시켜 버린 것이다. 칼리스토의 아들은 성장하여 어느 날 숲 속에서 사냥하다가 우연히 곰을 만났다. 이 곰은 다름 아닌 바로 그의 어머니 칼리스토였는데, 그는 아무 것도 모른 채 어머니인 곰을 향하여 창을 던지려 했다. 비극적인 사건이 발생되기 직전, 제우스는 돌개바람을 불게 하여 이들을 하늘로 옮겨 두개의 별자리로 박아주었는데, 그것이 바로 큰 곰 자리와 작은 곰 자리인 것이다.

아르테미스가 처녀 수호의 신이 된 것은 아버지 제우스에게 맹세한 순결을 지켜내기 위한 것이었다. 그렇기 때문에 숲 속에서 갑자기 달려드는 사티로스 같은 음탕한 반인 반수의 신이나 또 악타이온처럼 모르는 사내에게는 정말 표독스런 여신이었다. 그렇지만 아르테미스가 달의 여신을 맡고 있을 때는 남성에 대한 사랑을 지니고 있었던 것 같다. 라트모스 산에서 양을 치는 미남 청년 엔디미온을 아르테미스는 사랑했다. 그녀는 늘 자고 있는 엔디미온에게 내려와 그에게 입 맞추며 사랑을 표시하고 다시 하늘로 올라갔다고 한다. 그리고 잠자는 그의 몸에 다감한 사랑의 달빛을 비추곤 하였다. 그렇지만 제우스로부터 영원한 잠의 선물을 받고 잠만 자는 엔디미온으로부터 아르테미스가 어떤 사랑을 받았는지 신화의 기록은 없다. 이루어지지 않는 일방적인 사랑이 아닐까? 아르테미스가 사랑했던 또 한 명의 남자는 포세이돈의 아들 오리온이었다. 그는 거인이지만 미남이었고 힘센 사냥꾼이었다. 그렇지만 이 사랑도 이루어지지 못하고 끝난다. 아르테미스의 오빠인 아폴론 신이 이 둘의 결합을 막았기 때문인데, 여기서 벌핀치의 책을 직접 읽어보자.

"오리온은 사냥꾼으로 아르테미스와 함께 지냈다. 여신이 그를 좋아했기 때문이다. 오래지 않아 여신과 그가 결혼할 것이라는 소문이 돌게 되었다. 이 소문을 들은 여신의 오라버니 아폴론은 이를 아주 좋지 않게 여기고는 여러 차례 여신을 나무랐다. 그러나 아무 보람이 없었다.

그러던 어느 날이었다. 그날 오리온은 머리만 물 위로 내밀고 바다를 건너고 있었다. 이것을 본 태양신 아폴론은 누이 아르테미스에게 약을 올렸다.

'네가 아무리 활을 잘 쏜다고 하지만, 저기 저 바다에 떠 있는 점은 맞출 수 없을 테지.'

활의 명수이기도 한 아르테미스 여신은 그 운명의 과녁을 겨냥하여 시위를 당겼다 놓았다.

파도가 오리온의 시체를 해변으로 밀어냈다. 아르테미스는 눈물을 흘리며 제 허물을 한탄하다가 그를 별자리로 박아주었다.”

결국 아르테미스는 자기 손으로 오리온을 죽인 것인데, 아버지 제우스에게 처녀의 순결을 지키겠다고 맹세했기에 이것은 천상의 신의 섭리로 이루어진 것이다.

10 테세우스를 구하는
아리아드네의 사랑

〈디오니소스와 아리아드네의 만남〉, 세바스티아노 리치, 1713년경
캔버스에 유채, 75.9×63.2cm
런던 내셔널 갤러리 소장

미노스와 미노타우로스

크레테의 왕 미노스는 올림포스를 지배하는 제우스와 포에니키아의 왕 아게노르
Agenor의 딸 에우로페Europe 사이에서 태어났다. 제우스는 사랑을 위해서라면
체면도 없이 온갖 것으로 변신하여 꼭 그 사랑을 성취하고 만다. 여기서는 제우스가 그
위엄을 팽개치고 황소의 모습으로 몸 바꾸기를 하여, 에우로페에게 접근한다. 제우스가
변신한 황소이니 그 눈빛이 부드러웠고 멋진 모습이었다. 이렇게 잘생긴 황소를 본 아
게노르의 딸은 그 황소에 반했을 수밖에 없었다. 처음에는 황소가 무서웠지만, 입 앞에
한 송이 꽃을 갖다 대면서 황소와 친숙해진 에우로페는 나중에는 아예 황소의 등에 올
라타 버렸다. 물론 에우로페에 탐이 난 제우스의 계략으로 이렇게 일이 진행되는 것이다.
에우로페를 등에 태운 황소는 가벼운 걸음으로 해변을 걷다가 바다 한가운데로 나아
가기 시작했다. 이렇게 에우로페를 등에 태우고 황소 제우스는 대륙을 돌아다니다가 크
레테 섬으로 돌아왔다. 이들이 돌아다닌 대륙은 지금의 유럽인데, 유럽이라는 이름은 바
로 에우로페에서 온 것이다. 크레테 섬에 다시 온 제우스는 본 모습을 되찾고 에우로페
의 육체를 취했는데, 이 둘 사이에서 태어난 자가 바로 미노스Minos이고 그는 후에 크레
테 섬의 왕이 된다.

　미노스는 태양의 신 헬리오스의 딸 파시파에와 결혼한다. 그런데 파시파에는 남편 미
노스가 아닌 다른 데서 묘한 사랑의 쾌락을 꿈꾸게 된다. 바다의 신 포세이돈이 미노스

〈에우로페의 납치〉, 프랑수아 부셰, 1734년
캔버스에 유채, 231x274cm
런던 윌리스 컬렉션 소장

에게 보내주었던 황소에게서 수간의 욕정을 느끼는 것이다. 파시파에가 처음부터 이렇게 음란한 여자는 아니었다. 왕이 되면 이 황소를 제물로 바치겠다고 미노스 왕이 포세이돈에게 한 약속을 어기자, 분노한 포세이돈이 왕비 파시파에로 하여금 그 황소를 사랑하게 만든 것이다. 파시파에의 어머니는 포세이돈 이전에 바다를 다스리던 오케아노스의 수많은 딸들, 즉 오케아니데스의 한 명인 페르세이스이다. 결국 바다의 신 포세이돈은 거신 족 시대에 바다의 신이었던 오케아노스의 후손에 대하여 보복하는 것이 아닌가 생각된다. 미노스와 파시파에의 두 딸인 아리아드네와 파이드라Phaidra도 사랑하는 남자로부터 배신을 받거나, 이룰 수 없는 사랑 속에서 파멸하는 불행의 여인들이 된다.

황소에게서 욕정을 느낀 파시파에는, 손재간이 뛰어난 다이달로스Daidalos에게 부탁하여 나무와 가죽으로 가짜 암소를 하나 만들게 한다. 이 암소 속에 들어가 암소로 위장한 다음 그 멋진 황소에 접근하기 위해서 이다. 무엇이든 만들 수 있는 다이달로스는 나무로 실제 암소 크기의 모형을 만든 후, 암소 가죽을 씌워 진짜 암소와 똑같은 것을 만들어 파시파에에게 보여준다. 파시파에는 이 가짜 암소 속으로 들어가 황소를 유인하고, 황소와 사랑을 이루게 된다. 이것을 아폴로도로스는 이렇게 기술하고 있다.

"다이달로스는 나무로 암소를 만들어 밑에 바퀴를 달고 속을 파낸 다음 암소의 가죽을 벗겨 그 위에 씌우고 꿰맸다. 그러고 나서 그는 그것을 그 황소가 늘 풀을 뜯곤 하던 풀밭에 갖다 놓은 다음 파시파에를 그 안으로 들여보냈다. 그러자 그 황소가 다가와 그것이 진짜 암소인 양 그것과 교합했다."

들판에서 남편 몰래 황소와 수간한 이후, 파시파에의 배가 불러왔다. 결국 파시파에는 얼굴은 황소지만 나머지는 사람인 괴물 미노타우로스를 낳게 되었다. 미노타우로스는 미노스의 황소라는 뜻이다. 아내의 간음으로 인하여 낳게 된 괴물 자식 미노타우로스를 어떻게 처리할까 고민하던 미노스는 어떤 신탁에 따라 그를 미궁에 가두고 감시하게 되었다. 왕 미노스의 명령에 따라 미궁의 건축은 가짜 암소를 만들었던 손 재주꾼 다이달로스가 맡았다. 그는 아무도 빠져나올 수 없는 미궁인 라비린토스labyrinthos를 완성했고, 미노스는 미노타우로스를 그곳에 가둬 버렸다. 제물로 바쳐지는 사람을 먹고 사는 이 괴물 미노타우로스의 운명은 그리스 영웅 테세우스에 의하여 결판나게 된다. 그러면 테세우스는 어떻게 태어났고 어떻게 해서 이 미궁에 와 미노타우로스를 죽일 수 있었는지 살펴보자.

테세우스의 탄생과 성장

그리스 비극 작가 에우리피데스의 『메데이아』를 보면, 메데이아가 아테네의 왕 아이게우스와 대화하는 장면이 나온다. 아이게우스는 아테네의 건설자인 케크롭스의 손자인데, 여기서 아이게우스가 등장하는 것은 메데이아가 이아손으로부터 버림 받은 후 그의 후처로 들어가기 때문이다. 그런데 그리스 영웅 테세우스는 바로 아이게우스의 아들이다. 물론 메데이아의 몸에서 태어난 아들은 아니다. 테세우스의 탄생에 관한 아폴론 신탁은 에우리피데스의 작품에서 언급되고 있다. 아이게우스는 자식이 없어 어떻게 하면 자식을 얻을 수 있을까 물어보려고 델포이의 아폴론 신전에 들려 "가죽 부대의 앞쪽 끈을 풀지 말라."는 신탁을 받고 아테네로 돌아가다가 코린토스에 와 있던 메데이아를 만나게 된 것이다. 그리고 가는 길에 자신의 오랜 친구인 트로이젠의 왕 피테우스를 만나 이 신탁의 내용을 말하고 그의 조언을 구한다. 피테우스는 손님으로 온 친구 아이게우스를 환대하고 포도주를 곁들여 환대한다. 그런데 술에 취한 아이게우스에게 피테우스는 자신의 딸인 아이트라와 동침하게 한다. 취한 상태에서 아무 것도 몰랐던 아이게우스는 결국 아이트라와 잠자리를 함께 하여 육체적 관계를 맺게 된다. 이 결합에서 테세우스가 태어나는 것이다. 아폴론의 신탁 "가죽부대의 앞쪽 끈을 풀지 말라."는 것은 포도주를 담은 가죽을 풀지 말라, 즉 술을 마시지 말라는 뜻이었다. 아이게우스는 그 의미를 몰라서 친구 피테우스에게 조언을 구한 것이지만, 피테우스는 그 뜻을 알고는 향후 엄청난 자식이 태어날 것이라 판단하고 아이게우스에게 술을 마시게 한 후 자신의 딸을 주었던 것이다. 『플루타르크 영웅전』(김병철 옮김, 범우사)의 <테세우스> 편을 보면, 이렇게 나와 있다.

"결국 잠자리를 같이 한 여인이 피테우스의 딸인 것을 알게 된 아이게우스는 그녀에게서 아이를 얻게 될 것이라고 생각했다. 아이게우스는 길을 떠나면서 커다란 돌 밑에 칼한 자루와 신발 한 켤레를 숨겨놓았다. 그리고 아이트라에게만 이 사실을 알려주었다. 만약 아들이 태어나서 이 돌을 들 수 있을 만큼 성장하거든 돌 밑에 감추어 놓은 물건들을 찾아서 비밀리에 그것을 가지고 자신을 찾아오도록 하라고 당부하였다."

즉, 아이게우스는 나중에 그 돌 밑에 숨겨놓은 칼 한 자루와 신발 한 켤레를 들고 오는 자는 필경 자신의 아들일 거라는 생각에서 미리 그렇게 하고 떠났던 것이다. 드디어 아들 테세우스가 태어났는데, 어머니 아이트라는 아버지가 아이게우스라는 사실을 숨기고 그가 장성할 때까지 기다렸다. 테세우스가 16세가 되던 해, 아이트라는 돌이 있는 곳으로 아들을 데리고 가서 아버지의 이야기를 들려주었다. 그리고 아이게우스가 남기고 간 이 증표를 가지고 아테네로 떠나라고 말했다. 테세우스는 아버지가 남겨놓은 신발을 신고 칼을 찬 채, 손쉬운 바다 대신 도둑들이 들끓는 험난한 육로를 거쳐 아테네 궁전에 가서 아버지를 만나게 된다. 그가 육로를 택한 것은 자신이 존경하는 헤라클레스와 같은 영웅적 업적을 쌓으며 아테네로 입성하고 싶었기 때문이었다. 실제로 테세우스는 아테네로 향하던 도중에 수많은 사악한 무리들을 몰아내게 된다. 이 이야기도 『플루타르크 영웅전』에 잘 나와 있다. 테세우스가 아이게우스의 아들임을 증명할 수 있는 신표를 들고 아테네로 오고 있다는 소식을 접한 아이게우스의 후처 메데이아는 테세우스를 독살하기로 결심한다. 테세우스로 인하여 자신이 낳은 아들이 왕권을 이어받지 못할 것이라고 생각했기 때문이었다. 메데이아는 남편 아이게우스에게 말하여 지금 자신들을 찾아오는 자는, 어느 파당의 일원이므로 매우 위험한 자라고 속이고 그를 성대히 환대하는 척하며 그의 술에 독약을 넣어 죽이자고 건의한다. 이런 메데이아의 술책에 아이게우스는 쉽게 넘어갔다. 여기서『플루타르크 영웅전』을 직접 읽어 보자.

"테세우스는 아테네의 정치가 수많은 당파와 무리들로 갈라져 있고 혼란으로 가득하다는 것을 알아차렸다. 아이게우스와 그의 집안도 똑같은 분란 속에 고통 받고 있었다. 코린트에서 도망쳐 온 메데이아가 자신의 비방(秘方)으로 자식을 낳을 수 있게 해주겠다고 약속하고서 아이게우스와 함께 살고 있었기 때문이었다. 메데이아는 테세우스가 누구인지를 가장 먼저 알아보았다. 그러나 아이게우스는 아들인 테세우스를 알아보지 못하였다. 아이게우스는 이미 질투와 의심으로 가득 찬 노인이 되어, 모든 일이 그 당시 아테네에 있었던 파당의 계략이 아닌가 두려워하고 있었다. 그러므로 메데이아는 연회를 베풀어 테세우스를 독살하자고 아이게우스를 쉽사리 설득할 수 있었다."

아버지가 섬돌 밑에 남겨놓은 신발을 신고 칼을 찬 채 아버지 아이게우스 앞에 나타난 테세우스는 메데이아에 의하여 독살당할 위기에 처한 것이다. 물론 술잔에 독이 있는지 테세우스는 알 수 없었을 것이다.『플루타르크 영웅전』을 계속 읽어보자.

"연회에 참가한 테세우스는 자신이 누구인지 당장에 밝히는 것은 적당하지 않다고 생각했다. 아버지가 먼저 자기를 알아보도록 기회를 드리고 싶어 테세우스는 상 위에 있는 고기를 썰려는 듯이 칼을 뽑아 왕에게 보였다. 아이게우스 왕은 곧 테세우스가 자신의 아들임을 알고 그릇에 담긴 독을 쏟아버렸다. 그리고 아들에게 여러 가지 사연을 묻고서 테세우스를 품에 껴안았다. 이어서 모든 시민들을 광장으로 모이게 한 후, 테세우스가 자기의 아들임을 공표하였다. 시민들은 테세우스의 위대함과 용감함에 대한 명성을 듣고 있었기 때문에, 대단히 기뻐하며 그를 환영하였다."

이렇게 하여 테세우스는 아테네의 영웅으로 떠오른다. 자신의 왕위 계승을 반대하는 자들과의 전투를 통해서 더욱 확고한 입지에 오른 테세우스는 사람들에게 더욱 더 신뢰를 얻고자 테트라폴리스의 주민들에게 큰 피해를 끼치고 있는 미노스의 황소를 때려잡는다. 파시파에가 사랑하여 미노타우로스를 낳게 만들었던 이 황소는 애당초 헤라클레스가 잡아왔지만, 헤라가 다시 풀어주었던 것이다. 테세우스는 마라톤까지 가서 이 황소를 사로잡아 몰고 다니다가 델포이의 아폴론 신에게 제물로 바쳤다. 테세우스가 이 황소와 파시파의 사이에 태어난 괴물 미노타우로스를 어떻게 죽이게 되는가 살펴보겠다. 여기에는 미노스의 딸 아리아드네의 역할이 있다.

테세우스와 아리아드네의 사랑

얼굴은 사람이며 나머지는 황소인 괴물 미노타우로스는 미노스에 의하여 미궁인 라비린토스에 갇혀 살고 있었다. 그런데 이 미노타우로스는 인간의 고기만을 먹는 나쁜 습성이 있다. 따라서 인간을 이 괴물에게 제물로 바쳐야 했다. 미노스 왕은 크레테 사람이 아닌 아테네 사람들로부터 소년과 소녀들을 조공으로 받아서 이 괴물이 살고 있는 미궁으로 들여보냈던 것이다. 크레테와 그 속국인 아테네의 계약을 보면, 9년마다 소년 소녀 7명씩을 보내기로 되어 있었다. 이렇게 크레테로 아테네의 젊은이들이 보내져 미노타우로스의 먹이가 되는 것을 보고 있던 아테네 사람들의 원성은 날로 높아져 갔다. 당연히 왕인 아이게우스에게 그 원성의 소리를 높였던 것이다. 세 번째로 공물을 바치는 해가 다가오자, 테세우스는 자신이 스스로 크레테로 가겠다고 나서게 된다. 총각 7명 중 한 명이 되어 미궁에 들어가 그 미노타우로스를 처치하고 돌아오겠다는 것이었다. 그렇게 해서 이 비극적인 아테네 청년들의 죽음에 종지부를 찍겠다는 것이었다. 그러나 미궁에 들어간 사람들 중에서 지금까지 아무도 살아서 빠져 나온 사람이 없었기에, 아버지 아이게우스는 아들을 만류한다. 그러나 테세우스의 고집을 꺾을 수 없었다. 이렇게 하여 테세우스는 다른 청년들과 함께 크레테로 출항한다. 이 장면은 『플루타르크 영웅전』에 이렇게 기록되어 있다.

"하지만 앞서 두 번이나 공물을 바친 경우를 보면 무사히 돌아올 희망이라고는 하나도 없었다. 배도 돌이킬 수 없는 죽음을 향하여 가는 것처럼 검은 돛을 달고 출항하는 것이었다. 그러나 테세우스는 반드시 미노타우로스를 죽이고 살아서 돌아오겠다고 부왕을 위로하였다. 왕은 흰 돛 하나를 선장에게 주면서, 테세우스가 무사히 살아 있으면 흰 돛을 달고, 그렇지 않으면 불행의 표시로 검은 돛을 달라고 일렀다."

테세우스의 운명은 미노스 왕의 딸 아리아드네에 의하여 바뀌게 된다. 즉 테세우스가 크레테로 와서 미노스 왕을 접견할 때, 곁에 있던 아리아드네는 첫눈에 반해 사랑에 빠지게 된 것이다. 그녀는 미궁에 들어간다면 길을 찾지도 못하고 분명 미노타우로스의 먹이가 되어 죽게 될 테세우스를 살릴 수 있는 방도를 강구한다. 그녀가 생각해 낸 것이 바로 실타래였다. 아리아드네는 사랑하는 테세우스에게 실타래를 주면서 이 실을 미궁 입구에 묶어 놓고 실을 풀어가면서 미궁으로 들어가라는 것이었다. 그렇게 하면 나올 때도 이 실을 따라 쉽게 길을 찾을 수 있기 때문이었다. 테세우스는 이 실의 도움으로 미궁 속으로 들어가 미노타우로스를 때려잡은 후, 다시 미궁을 빠져 나올 수 있었다.

아무도 빠져나올 수 없는 미궁을 만들되, 누구든 살아서 나오는 자가 생기면 이 미궁을 만든 자도 그 속에 들어가야 한다는 미노스의 명에 따라 다이달로스는 아들 이카로스와 함께 미궁 속에 갇히게 된다. 미궁에 갇힌 다이달로스가 가만히 앉아서 죽음을 맞이할 수는 없었을 것이다. 그는 무엇이든 만들 수 있는 재주꾼이다. 결국 날개를 만들어 달아서 날아오르겠다는 생각을 하게 된다. 그는 새의 깃털을 주워 모아 엮어서 날개를 만들고 밀랍을 이용하여 그것을 양 어깨 밑에 붙여 새처럼 날아서 이 미궁을 탈출하는 데 성공한다. 미궁 내의 첨탑 위에 일단 올라선 후, 거기서부터 공중으로 날았던 것이다.

아버지 다이달로스는 아들 이카로스에게 너무 높이 날지도 말고 너무 낮게 날지도 말라고 충고했다. 높이 올라 태양에 가까워지면 밀랍이 녹아 날개가 떨어져 나가고, 낮게 날면 바닷물의 습기 때문에 역시 날개가 떨어져 나갈 수 있기 때문이다. 그런데 그 아들은 아버지의 말을 들었을까? 물론 아니다. 그는 아버지의 충고를 무시하고 자만심에 빠져 하늘 높이 오르다 태양의 열기에 의하여 밀랍이 녹아 날개가 떨어져 나갔고, 결국 바다에 빠져 죽게 된다. 우리는 이런 실패를 '이카로스의 추락'이라고 부른다. 신화는 흥미도 있고 또 교훈도 있는 이야기인 것이다. 우리는 경험 있는 윗사람의 충고와 가르침을 거부하고 이카로스 같은 자만에 빠지면, 삶에 실패할 것이니 이 '이카로스의 추락'을 잘 기억하여 결코 추락하지 말아야 할 것이다.

　한편, 아버지 미노스의 뜻과는 달리 속국인 아테네의 왕자를 도와주었던 아리아드네는 테세우스를 따라나선다. 테세우스는 귀환할 때 아리아드네와 동행하는 것이다. 그러나 아버지와 조국에 등을 돌리고 연인 이아손을 따라 그리스로 온 메데이아가 결국은 기구한 운명의 여인이 된 것처럼, 아리아드네가 사랑하는 테세우스와 함께 한 행복한 시간은 그리 길지 않았다. 테세우스 일행이 아테네로 가다가 낙소스 섬에 기항했을 때, 테세우스는 섬에서 잠시 휴식을 취하고 있던 아리아드네를 놔두고 닻을 올린 것이었다. 휴식하며 깜빡 잠이 들었던 아리아드네가 눈을 비비며 일어나 보니 테세우스와 자신이 타고 온 배는 사라져 버리고 눈앞에는 끝없는 바다만 펼쳐져 있었다. 이때의 절망감이 어느 정도인지 우리는 짐작할 수 있을 것이다. 아리아드네는 눈물을 흘리며 깊은 슬픔에 빠졌다. 이 당시 디오니소스는 낙소스 섬에 기거하고 있었다. 제 운명을 한탄하고 있는 아리아드네를 발견한 디오니소스는 그녀를 위로하고 아내로 삼았다. 물론 이것은 애욕의 여신 아프로디테의 뜻에 의한 것이다. 아리아드네를 가엾게 여긴 아프로디테가 천상의 애인을 짝지어 주겠다며 아리아드네를 위로하였던 것인데, 이런 여신의 의도에 의하여 그녀와 디오니소스는 만나게 된 것이다.

테세우스는 아리아드네를 낙소스 섬에 남겨놓고 떠난 잘못 말고도 또 하나의 큰 실수를 범하고 만다. 크레테에 가서 미노타우로스를 죽이고 살아 돌아오면 배에 흰 돛을 달고 귀향하라는 아버지 아이게우스의 당부를 깜빡 잊고 떠날 때와 마찬가지로 검은 돛을 단 채로 귀로에 오른 것이다. 아들 일행이 탄 배가 멀리서 검은 돛을 달고 다가오는 것을 바닷가에서 바라본 아이게우스는 아들 테세우스가 죽은 것으로 착각, 절망하여 그대로 바다에 몸을 던져 자살한다. 그가 빠져 죽은 바다는 '아이게우스의 바다', 즉 '에게 해'로 불리고 있다. 그런데, 아폴로도로스의 『도서관』을 보면, 테세우스가 아리아드네를 버린 것이 아니라, 디오니소스에게 아리아드네를 빼앗겼다는 것이다. 여기에 낙심한 테세우스가 배에 흰 돛 다는 것을 깜빡 잊고 그대로 검은 돛을 달고 귀향한 것으로 기록되어 있다. 테세우스가 생명의 은인이며 자신을 사랑했던 아리아드네를 의도적으로 섬에 놔두고 떠난 것인지 혹은 디오니소스에게 빼앗긴 것인지 확실치 않은데, 이건 신화를 읽는 사람들이 파악하고 판단해야 할 문제라고 본다. 분명한 사실은 테세우스와 아리아드네의 사랑은 낙소스 섬에서 끝났다는 점이다.

파이드라와 히폴리토스의 비극적 사랑

아 테네로 돌아와 왕이 된 테세우스는 자기에게 반항하려던 자들을 모두 죽이고 아테네의 전권을 차지하게 된다. 이후 테세우스의 모험은 계속되는데, 그중 가장 유명한 것이 아마존 족의 정벌이다. 헤라클레스와 한바탕 전쟁을 치룬 적이 있는 아마존은 세력이 약화되어 있었고, 여왕 안티오페Antiope는 테세우스에게 잡혀 와, 그의 부인이 된다. 안티오페는 테세우스로부터 아들 히폴리토스Hippolytos를 낳았는데, 아들이 장성한 후 세상을 떠난다. 히폴리토스를 낳아준 부인 안티오페가 죽자, 테세우스는 파이드라를 후처로 맞이하게 된다. 파이드라는 미노스의 딸이므로, 아리아드네와는 자매지간인 것이다. 아리아드네와 결합 못한 테세우스가 결국 그녀의 자매인 파이드라와 결혼하게 된 것이다. 그러나 비극은 파이드라의 잘못된 사랑의 정열로부터 시작된다. 그녀가 남편 테세우스보다는 의붓아들 히폴리토스를 사랑했기 때문이다. 이들의 이야기는 에우리피데스의 비극 『히폴리토스』를 통하여 알려졌고, 먼 훗날 17세기 프랑스 비극 작가 라신느Racine의 작품을 통하여 그 비극성이 갖추어진다. 테세우스와 안티오페의 아들인 히폴리토스는 아르테미스 여신을 숭배하는 경건한 남자였다. 아르테미스 여신만을 따르는 히폴리토스에게 벌을 가하기 위하여 애욕의 여신 아프로디테가 파이드라로 하여금 히폴리토스를 사랑하게 만들어 결국 그를 죽음으로 이끌게 된다. 에우리피데스 작품을 통하여 아프로디테의 이런 의도를 직접 읽어보겠다.

"테세우스의 아들 히폴리토스는 유독 저 혼자만

나를 가장 사악한 여신이라고 부르며

애정도 거부하고 결혼도 염두에 두지 않고 있다.

제우스의 딸인 아르테미스를

존경하며, 그녀를 가장 위대한 여신으로 여기고 있다.

(……)그러면 나를 적대시하는 그 젊은이를

그 아버지가 죽이게 될 것이다.(……)

파이드라도 명예롭게 죽기는 하되 역시 죽어야 하느니라."

아프로디테의 의도에 따라 히폴리토스를 사랑하게 된 파이드라는 그가 이런 불순한 사랑을 거부하자, 편지 한 통 써놓고 자살한다. 편지의 내용은 히폴리토스가 자신을 유혹하려고 했다는 것이다. 모든 것을 아무 잘못 없는 히폴리토스에게 뒤집어씌운 것이다. 자살한 아내의 편지를 읽은 테세우스는 분노하여 그에게 해명의 기회도 주지 않은 채 그를 추방해 버리고, 포세이돈에게 기원하여 그를 죽음으로 몰아넣었다. 나중에 여신 아르테미스가 와서 진실을 테세우스에게 알려주지만 때는 늦은 것이다. 결국 의붓아들을 사랑한 파이드라로 인하여 그녀 자신과 히폴리토스는 죽음이라는 파멸에 이르게 된 것이다. 잘못된 사랑의 종국을 신화는 우리에게 교훈으로 알려주는 것 같다.

11 테베 왕가의 비운
- 오이디푸스와 안티고네의 운명

테베의 건설자 카드모스와 그의 자손들

제우스는 마음에 든 에우로페를 자기 여자로 만들기 위하여 황소로 둔갑하고, 그녀를 등에 태운 채 온 땅을 다 돌아다녔다. 그런데 딸의 행방을 몰라 노심초사하던 포에니키아의 왕 아게노르는 아들 카드모스에게 누이를 찾아오되, 못 찾으면 조국으로 돌아오지 말라는 명령을 내린다. 천상의 신, 제우스가 데리고 다니니, 카드모스가 온 그리스 땅을 다 누비고 다녀도 누이를 찾을 수 없는 것은 당연하였다. 끝내 누이 찾는 것을 포기한 카드모스는 아버지로부터 벌을 받을까 두려워 고국 포에니키아로 돌아가지도 못한 채, 방랑생활을 하게 되었다. 그러다가 대체 어느 땅에 몸을 붙이고 살아야 될지 아폴론 신의 뜻을 물어보기로 하고 델포이의 아폴론 신전으로 간다. 피티아를 통해 나오는 신탁은 이러했다.

"인적이 드문 데서, 고삐에 매인 적도 없고, 쟁기를 끌어본 적도 없는 암소 한 마리를 만날 것인즉, 그 소를 따라가거라. 그 소가 가다가 풀밭에 눕거든 거기에 성을 쌓고, 이름을 보이오티아라고 하여라."

'보이오티아'는 '소의 땅'이라는 뜻이다. 카드모스 일행이 아폴론 신전을 나오자마자, 정말 주인도 없이 홀로 걷고 있는 암소 한 마리를 발견했다. 필경 신탁대로 아폴론이 보내준 암소라고 생각한 카드모스 일행은 아폴론을 조용히 찬송하면서 그 암소를 따라 갔다. 한동안 걸은 암소는 걸음을 멈추고 뿔이 달린 머리를 쳐들고 하늘을 향해 나지막하게 울었다. 그리고 카드모스를 한 번 뒤돌아 본 후, 부드러운 풀 위에 옆구리를 대고 누웠다. '바로 이 자리가 내가 살 곳이다.'라고 생각한 카드모스는 제우스에게 우선 제물을 바치기 위하여 부하들에게 정화수를 떠 오라고 근처 숲 속으로 보냈는데, 다행히 우거진 관목 사이에서 그들은 샘 하나를 발견했다. 그런데 근처 동굴에 살고 있는 머리에 황금 볏이 달린 전쟁의 신 아레스의 왕뱀이 독을 잔뜩 담고 있는 이빨을 드러낸 채 혀를 날름거리면서 그 샘을 지키고 있었다. 카드모스의 부하들은 모두 겁을 집어먹고 부들부들 떨었다. 그도 그럴 것이 똬리를 틀고 고개를 쳐든 이 왕뱀의 모습은 이 숲 전체를 지배하는 듯했기 때문이다. 이 왕뱀은 바로 카드모스 부하들을 공격했는데, 몇몇은 맞서 싸우려 했고 몇몇은 도망가려고 했는데, 결국 모두 왕뱀에게 죽임을 당하였다. 물을 뜨러 간 부하들이 돌아오지 않자, 카드모스는 숲 속으로 그들을 찾으러 들어갔다. 물론 카드모스는 부하들의 시체와 그 무서운 왕뱀을 발견했다. 용맹한 카드모스는 지니고 있던 사자 가죽의 방패와 창날이 유난히 빛나는 긴 창과 투창으로 치열한 싸움 끝에 왕뱀을 죽이는데 성공한다. 이때 아테네 여신이 나타나 그에게 땅을 갈아엎고 방금 죽인 왕뱀의 이빨을 뽑아 뿌리면 새 백성들이 땅에서 돋아날 것이라고 말한다. 아테네 여신 말대로 카드모스는 뱀의 이빨을 땅에 뿌렸다. 정말로 땅이 움직이더니 무장한 병사들이 땅속에서부터 솟아 나왔다. 카드모스가 그들 사이에 돌을 던지자, 이 병사들은 다섯 명만 남을 때까지 자기들끼리 칼을 휘두르며 서로 죽였다. '뿌려진 자들'이라는 뜻의 이 다섯 명의 스파르토이Spartoi들이 카드모스를 도와 카드메이아Kadmeia(후일 테베 성)를 건설하는데, 이들이 후일 테베의 귀족이 된다.

결과적으로 카드모스는 아버지로부터 추방당함으로써 그리스 땅 보이오티아 지방에 테베를 건설하는 축복을 받은 셈이다. 그는 애욕의 여신 아프로디테와 여신의 정부인 아레스 사이에 태어난 하르모니아와 결혼했다. 이들 사이에 아들 폴리도로스와 네 명의 딸, 이노, 세멜레, 아우토노에 그리고 아가우에가 태어난다. 이 딸들은 우리가 이미 살펴본 바와 같이, 모두 엄청난 재앙을 만났다. 오이디푸스와 안티고네는 카드모스의 아들 폴리도로스의 직계 자손들이다. 즉, 폴리도로스의 아들 랍다코스, 랍다코스의 아들 라이오스, 라이오스의 아들 오이디푸스 그리고 오이디푸스의 딸 안티고네로 이어지는 것이고, 테베 왕가는 안티고네의 다음 세대에서 멸망하게 된다.

테베의 시조 카드모스의 아들 폴리도로스에 이어 그 아들 랍다코스가 테베 왕이 된다. 랍다코스가 겨우 한 살짜리 왕자 라이오스를 남겨놓고 세상을 떠나자, 라이오스의 외조부 닉테우스와 형제지간인 리코스가 나라를 통치하게 되었다. 그 후 제우스와 안티오페의 아들인 암피온이 리코스를 죽이고 테베를 차지하여, 일곱 개의 성문이 있는 철벽의 테베 성벽을 쌓게 된다. 암피온은 성년이 된 라이오스를 추방했으며, 라이오스는 펠로폰네소스에 머물며 펠롭스의 환대를 받게 된다. 망명생활을 하는 동안, 라이오스는 펠롭스의 아들 크리시포스에게 여러 가지 무술을 가르쳐 주게 된다. 그런데 라이오스는 무술뿐이 아니라, 이 미소년에게 남성끼리의 사랑, 즉 호모섹스에 대하여 가르쳐 주려고 했다. 크리시포스가 이를 거부하자, 숲 속으로 납치하여 그를 목 졸라 죽였다. 남성과 여성 간의 신성한 결혼의 수호여신 헤라가 이를 모를 리 없었고, 이 라이오스 가문에 벌을 내릴 생각을 하게 된 것이다. 나중에 나오겠지만, '목졸라 죽이는 자'라는 뜻의 괴물 '스핑크스Sphinx' 즉, 얼굴과 젖가슴은 여자인데, 다리와 꼬리는 사자의 모습이고 등에는 털 부채 같은 날개 두 장을 달고 있는 일종의 여성 괴물을 테베에 보낸 것은 바로 헤라 여신인 것이다. 아무튼 라이오스의 호모섹스와 살인 사건으로 인하여 라이오스 자신부터 그의 아들 오이디푸스와 손녀 안티고네에 이르기까지 테베 왕가에 처참한 비극이 휩쓸고, 결국 테베 전쟁을 통하여 카드모스의 이 위대한 성은 아르고스의 장수들에게 함락되고 마는 것이다.

오이디푸스의 운명과 비극

테베를 다스리던 암피온이 세상을 떠나자, 라이오스는 테베로 돌아와 왕위에 오르고 이오카스테Iokaste를 왕비로 맞이했다. 그런데 이 둘 사이에 자식이 없자, 신탁을 받게 된다. 그런데 신탁의 내용은 "아이를 낳지 말라, 만약 아들을 낳으면 그 아들은 제 아버지를 죽일 것이다."라는 것이었다. 이렇게 신이 신탁으로 경고했음에도 라이오스는 술에 취해 아내와 교합하여 결국 아들을 낳게 된다. 아버지를 죽일 것이라는 신탁이 두려워 그들은 갓난 아들의 발목을 묶어 목자를 시켜서 키타이론 산에 버리게 된다. 키타이론 산에서 양을 치던 이 테베의 목자는 역시 같은 산에서 일하는 이웃나라 코린토스의 목자에게 아이를 건네준다. 코린토스의 목자는 당시 아이가 없던 코린토스의 왕 폴리보스에게 아이를 바치게 된다. 아이의 발목이 부어 있는 것을 본 폴리보스는 아이에게 오이디푸스라는 이름을 붙여주는데, 오이디푸스란 '발이 붓다'라는 뜻이다. 이 오이디푸스의 이야기는 소포클레스의 비극 『오이디푸스 왕』에 상세히 나와 있다. 오이디푸스는 자신의 이런 기구한 운명을 모른 채, 코린토스의 왕자로 성장하게 된다.

코린토스에서 왕자로 생활하던 오이디푸스는 자신이 폴리보스의 아들이 아니라는 이상한 소문을 듣게 된다. 자신의 출생에 의심을 품게 된 오이디푸스는 델포이의 아폴론 신전에 가서 진짜 부모가 누군지 물었다. 그런데 신탁은 이런 것이었다.

"고향에 돌아가지 마라. 만약 돌아가면 아버지를 죽이고 어머니와 살을 섞게 될 것이다."

아버지를 죽이고 어머니와 침실을 함께 쓸 것이라는 끔찍한 신탁을 받은 오이디푸스는 신탁이 이루어질까 두려워 코린토스로 돌아가지 못한다. 마차를 다른 방향으로 돌려서 가던 중 어느 비좁고 험난한 세 갈래 길 언덕에서 어떤 마차를 타고 통과하던 일행과 엇갈리게 된다. 마차를 이끄는 전령이 오이디푸스에게 길을 비키라고 명령한다. 오이디푸스가 머뭇거리자, 그 전령은 오이디푸스의 말 한 필을 죽인다. 이에 격분하여 오이디푸스는 이 전령과 마차 안에 타고 있던 노인을 죽이게 된다. 마차 안의 노인은 그의 진짜 아버지인 테베의 왕 라이오스였다. 오이디푸스는 자신이 죽인 사람이 테베의 왕이라는 것은 물론이고 자신의 친아버지라는 것은 더욱 더 모르고 있었다. 테베에서는 왕이 마차 타고 길을 가다가 졸지에 죽음을 맞이하자, 왕의 처남 즉, 왕비 이오카스테의 오빠인 크레온에게 왕위가 계승되었다. 새로운 왕 크레온이 테베를 통치하고 있는데, 테베에 무서운 괴물이 나타나 시민들을 살해하고 있었다. 그 괴물은 바로 스핑크스였다. 스핑크스는 얼굴과 젖가슴은 여자인데, 다리와 꼬리는 사자의 모습이고 등에는 궁전의 털 부채만 한 날개 두 장을 달고 있는 괴물이다. 라이오스가 동성연애자인 미소년 크리시포스를 납치한 후 목 졸라 죽이자, 헤라가 라이오스를 벌하기 위하여 스핑크스를 테베로 보낸 것이고, 스핑크스는 테베 서쪽에 있는 산에 살며 지나가는 사람들에게 수수께끼를 내어 풀지 못하면 잡아먹어 나라를 쑥대밭으로 만들고 있었다. 그 수수께끼란 이런 것이었다.

"무엇이냐? 목소리는 하나뿐이지만, 처음에는 발이 네 개인데 그 다음에는 두 개가 되었다가 그 다음에는 세 개가 되는 것이 무엇이냐?"

테베 사람들이 답을 찾지 못해 스핑크스에게 계속 잡아먹히자, 왕 크레온은 이 수수께끼를 푸는 자에게 왕위와 죽은 선왕 라이오스의 아내 이오카스테를 주겠다고 공포했다. 코린토스로 돌아가지 못하고 방황하다가 길거리에서 어느 노인까지 죽인 오이디푸스는 테베 성으로 들어가다가 스핑크스를 만나게 된다. 오이디푸스가 스핑크스의 수수께끼를 맞추자, 스핑크스는 절망하여 바위 꼭대기에서 떨어져 죽게 된다. 수수께끼에 대한 답은 '인간'이다. 우리는 인간인 우리 자신에 대하여 알아야 한다는 신화적 메시지인데, 오이디푸스는 자기 자신이 누구인지도 모르는 상태에서 비극을 맞이하게 되는 것이다.

스핑크스를 없애고 테베에 평화를 가져다 준 오이디푸스는 크레온이 이미 공포한 대로 테베의 왕이 되고 이오카스테를 아내로 맞이하여, 쌍둥이 아들 폴리네이케스와 에테오클레스 그리고 두 딸 이스메네와 안티고네를 낳게 된다. 그런데 오이디푸스의 아내가 된 이오카스테가 누군가? 바로 오이디푸스 자신을 낳고 자신을 키타이론 산에 버린 어머니 이오카스테가 아닌가? 결국 신탁대로 오이디푸스는 아버지 라이오스를 죽이고 어머니 이오카스테와 살을 섞게 된 것이다. 이때까지 오이디푸스의 정체를 아는 사람은 오이디푸스 자신을 포함하여 단 한 명도 없었다. 그런데 어느 해 테베에 전염병이 크게 유행하여 백성들이 끊임없이 죽어 나가자 오이디푸스 왕은 아폴론 신전에 크레온을 보내서 신탁을 받아오게 한다. 신탁을 받아온 크레온과 오이디푸스의 대화를 소포클레스의 『오이디푸스 왕』을 통하여 직접 읽어보겠다.

크레온

"포이보스왕께서 우리들에게 분명하게 명령하셨습니다.

(……)사람을 추방하거나 살인을 살인으로 갚으라고 하셨습니다.

바로 이 피가 우리의 도시에 폭풍을 몰고 왔다는 것입니다."

오이디푸스

"대체 어떤 사람의 운명을 그 분께서는 이렇게 드러내시는 것인가?

크레온

"왕이여, 그대가 이 도시를 바른 길로 인도하시기 전에

우리들에게는 라이오스가 이 땅의 통치자였습니다.

(……)

그 분은 살해되었습니다. 그래서 지금 신께서 우리들에게

그 자들이 누구이건 그 살인자들을 손으로 벌주라고 분명하게

명령하시는 것입니다."

즉 신탁은 라이오스의 살인자를 찾아내어 추방하거나 죽여야 이 테베의 역병이 사라질 것이라는 것이다. 그런데 라이오스의 살인자는 누군가? 바로 테베의 왕이 된 오이디푸스 자신인 것이다. 이제 신탁대로 라이오스의 살인범을 찾아내지 않으면 안 되는 오이디푸스 왕, 바로 자신이 범인임을 스스로 증명하게 되는 오이디푸스 왕의 운명은 어떻게 펼쳐질까?

〈오이디푸스와 스핑크스〉, 귀스타브 모로, 1864년
캔버스에 유채, 206x105cm
뉴욕 메트로폴리탄 미술관 소장

오이디푸스의 몰락

오이디푸스는 라이오스를 죽인 범인을 알아내기 위하여 예언자 테이레시아스를 부른다. 모든 것을 알고 있는 테이레시아스는 오이디푸스의 재촉에도 입을 열지 않는다. 결국 왕의 압박에 견디다 못해 진실을 말하게 된다.

"그대는 그 분의 살해자를 찾고 있으나 그대가 바로 그 분의 살해자란 말입니다."

오이디푸스에게 자신이 라이오스의 살해자라는 것은 그야말로 터무니없는 말이었다. 예언자 테이레시아스의 말을 계속 들어보자.

"그대는 부지중에 그대의 가장 가까운 핏줄과 가장 가까운 인연을
맺고 살면서도 어떤 불행 속에 빠졌는지 보지 못하고 있다는 말입니다.
(……)
내 그대에게 말씀드리노니, 그대가 위협적인 말로
라이오스의 살해를 규명하겠다고 공언하며 오래 전부터
찾고 있던 그 사람, 그 사람은 바로 여기에 있는 것입니다.
(……)

그는 그를 낳아준 여인의

아들이자 남편이며, 그의 아버지의 침대를 이어받은 자이자

그의 아버지의 살해자임이 밝혀질 것입니다."

모든 것을 믿을 수 없었던 오이디푸스는 분노하여 테이레시아스를 쫓아내지만, 스스로 이 운명의 복잡한 실타래를 풀어낸다. 자신을 코린토스 왕에게 건네준 코린토스의 목자와 자신을 이 코린토스의 목자에게 넘겨준 테베의 목자를 대질 신문한 결과, 결국 자신은 라이오스의 아들이며, 오래 전 좁은 언덕길에서 자신이 죽인 마차 탄 노인이 바로 아버지 라이오스였으며, 지금 함께 살고 있는 부인 이오카스테는 자신의 어머니였다는 것이 명명백백 밝혀졌다. 비극의 절정인 것이다. 사태가 진전되면서 자신이 범인이며 자신의 터무니없는 운명이 밝혀짐에도 회피하지 않고 끝까지 이 운명에 맞서는 오이디푸스는 전형적인 비극의 인물인 것이다. 여기서 오이디푸스의 독백을 들어보겠다.

"아아, 모든 것이 이루어졌고 모든 것이 사실이었구나!

오오 빛이여, 내가 그대를 보는 것도 지금이 마지막이 되기를!

나야말로 태어나서는 안 될 사람에게서 태어나서 결혼해서는

안 될 사람과 결혼하여 죽여서는 안 될 사람을 죽였음이라."

현재의 남편이 바로 자신이 오래 전에 버렸던 아들 오이디푸스라는 것이 밝혀지자, 이오카스테는 목을 매어 자살한다. 아내 이오카스테, 아니 어머니 이오카스테의 자살을 목격한 오이디푸스는 실성한 상태에서, 이오카스테의 옷에 꽂혀 있던 황금 브로치를 빼

들고는 자신의 두 눈을 찌르고 피를 흘리며 이렇게 말한다.

"이제 너희들은 내가 겪고 내가 저지른
끔찍한 일들을 다시는 보지 못하리라.
너희들은 보아서는 안 될 사람들을 충분히 오랫동안 보았으면서도
내가 알고자 했던 사람들을 알아보지 못했으니
앞으로는 어둠 속에 있을 지어다."

스스로 두 눈을 찔러 어둠 속에서 살기를 선택한 오이디푸스는 딸 안티고네의 부축을 받으며 테베를 떠나게 된다. 소포클레스는 이 비극에서 마지막으로 코러스를 등장시켜 이렇게 말한다.

"죽어야 할 인간일랑 어느 누구도 행복하다고 기리지 말라,
삶의 종말을 지나 고통에서 해방될 때까지는."

오이디푸스의 아버지 라이오스의 호모섹스로 인한 살인이 테베 집안을 쑥대밭으로 만들었지만, 고대 그리스에서 성년 남성이 미소년이나 청년을 보호하고 그 육체와 영혼을 사랑하는 일은 지금의 호모 개념과 많이 달랐던 것이 사실이다. 그리스 남성들은 청소년의 영혼과 육체를 이해하고, 그 순수하고 열린 육체에 고귀한 영혼을 불어넣어 이상적인 시민으로 만드는 희망을 실현하고자 했는데, 이를 '청년'이라는 의미의 '파이스'와 '사랑'이라는 의미의 '필리아'를 합쳐 '파이도필리아'라고 부르는 것이다. 따라서 '파이

도필리아'는 단순히 쾌락의 추구가 아니라, 연장자가 청소년의 친구이자 후견인을 겸하는 일종의 의무에 가까운 교육제도의 일환으로도 해석될 수 있을 것이다. 물론 고대 그리스에 호모섹스만 있는 것이 아니다. 우리가 여성 동성애자들을 가리키는 '레즈비언'도 있었다고 한다. 레즈비언이라는 말은 '레스보스 섬 여자들'이라는 의미인데, 여성의 동성애는 이 섬의 풍속이었던 것으로 전해지고 있다. 레스보스 섬은 그리스 에게 해 동부, 터키 해안 가까이에 있는데, 이 섬은 위대한 여류 시인 사포의 고향이기도 합니다. 기원전 7세기에 활동했던 시인 사포도 레즈비언이었던 것으로 생각된다.

우리는 '오이디푸스 콤플렉스'라는 말을 알고 있다. 오이디푸스는 신탁에서 주어진 운명에 따라, 자신도 모르게 아버지를 살해하고 어머니 이오카스테와 잠자리를 하게 되는 비극을 겪은 인물이다. 오스트리아의 정신분석학자 프로이트가 부자 갈등 심리를 설명하면서 도입한 용어가 바로 '오이디푸스 콤플렉스'인 것이다. 이것은 세 살에서 여섯 살 사이의 사내아이가 무의식적으로 갖는 부모에 대한 상반된 욕망을 가리키는 심리학적 개념이다. 이 '오이디푸스 콤플렉스'는 잠복기를 지나 청소년기에 다시 한 번 드러나 사춘기의 소년을 혼란에 빠뜨리기도 하지만, 결국 성년이 되면서 사라진다고 한다.

테베 전쟁과 테베의 함락

테 베 왕 오이디푸스는 장님이 되어 왕위에서 쫓겨났고 이때 자식들을 비롯하여 남들이 모두 저주하며 버린 아버지를 딸 안티고네가 동반하며 길을 떠났다. 그녀는 나중에 오이디푸스가 아테네에서 한 많은 생을 마감한 후에야 고향 테베로 돌아오게 된다. 오이디푸스가 그렇게 테베를 떠난 후, 아버지의 권력을 놓고 오이디푸스의 쌍둥이 아들, 에테오클레스와 폴리네이케스 사이에 치열한 다툼이 벌어졌다. 우여곡절 끝에 1년씩 테베를 번갈아가면서 통치하기로 합의한다. 그러나 먼저 왕위에 오른 에테오클레스가 삼촌 크레온의 사주를 받아 이 약속을 지키지 않고 왕위를 물려주지 않자 폴리네이케스는 테베 왕가에 전해져 내려오던 왕가의 시조인 카드모스의 아내 하르모니아의 옷과 목걸이를 들고 국외로 나가 아르고스 왕 아드라스토스에게 도움을 청한다. 아드라스토스는 딸을 주면서 그를 도와주기로 한다. 이것이 아르고스와 테베 전쟁의 발단이 되는 것이다.

아드라스토스의 누이인 에리필레의 남편 암피아라오스는 앞일을 내다볼 수 있는 사람이라 전쟁의 결과 아르고스가 패배할 것이고, 자신도 이 전쟁에서 목숨을 잃을 것임을 알고 참전에 반대한다. 그러나 폴리네이케스는 가져간 하르모니아의 목걸이로 에리필레를 매수하여 예언자 암피아라오스를 출전하게 한다. 암피아라오스와 폴리네이케스 외에 티데우스, 에테오클로스, 히포메돈, 카파네우스, 그리고 파르테노파이오스 등 일곱 명의 장수가 테베 정벌에 나선다. 테베는 일곱 개의 성문을 지닌 난공불락의 성이었다. 그래서 폴리네이케스는 아르고스에서 자신과 함께 테베 일곱 개의 성문을 무너뜨릴 나머지 여섯 명의 장수들을 모집했던 것이다. 이 일곱 장수들은 군사들을 이끌고 각기 성문 하나씩 맡아 테베 성의 일곱 성문을 공격하는데, 폴리네이케스는 왕좌를 놓고 쌍둥이 형인 에테오클레스와 싸우다 함께 죽고, 암피아라오스는 제우스의 벼락에 갈라진 땅 틈에 빠져 죽는다. 이렇게 테베는 끝내 무너지지 않고, 다른 장수들도 모두 죽지만, 오직 아드라스토스만은 준마 이리온을 타고 전장을 빠져 나간다. 아드라스토스는 이렇게 살아서 패주했기 때문에 일곱 명의 장수에 들어가지 못한다. 이로부터 10년 뒤, 이 일곱 장수의 자식들은 암피아라오스의 아들 알크마이온의 지휘로 다시 테베를 공격, 마침내 이 성을 깨뜨린다.

현대의 서양사적 관점에서 이야기하면, 소아시아의 페니키아 출신인 카드모스가 세운 도시국가 테베가 그리스인들의 아르고스에 의하여 멸망함으로써 헬레니즘의 전통이 세워지는 과정을 걷게 된다고 볼 수 있다. 그렇지만, 카드모스는 그리스에 처음으로 문자 사용법을 가르쳐 주었다고 하는데, 테베 왕궁 터에는 실제로 서남아시아에서 유래한 물건들이 다량 출토되었으며, 이는 테베가 그리스 본토의 어느 도시보다 페니키아 문명의 영향을 많이 받았음을 증명해주는 것이다.

안티고네의 저항과 죽음

아버지 오이디푸스가 죽은 후, 안티고네가 테베로 돌아온 것은 오빠들이 전장에서 싸우다 전사한 시점이었다. 테베의 왕 크레온은 에테오클레스의 죽음을 애도하고 성대한 장례를 치러준 반면, 폴리네이케스의 시신은 벌판에 버려두고 그 누구도 이를 거두어 매장해 주면 죽음을 면치 못할 것이라는 준엄한 명령을 내린다. 그러나 안티고네는 죽음을 각오하고 오빠 폴리네이케스의 시신을 거두게 된다. 안티고네는 먼저 여동생 이스메네에게 함께 오빠의 시신을 매장하자고 제의했지만, 이스메네는 죽음을 두려워한다. 장님이 된 아버지의 비참한 말로, 어머니의 자살, 두 오빠의 전쟁터에서의 죽음 등을 겪은 이스메네는 가족의 죽음을 더 이상 견딜 수 없다면서 언니를 설득하려고 한다. 무서운 국가의 법도 앞에서 두 자매의 다른 모습을 보게 된다. 소포클레스의 비극 『안티고네』를 읽어보겠다.

이스메네

"아아 언니, 잘 생각해보세요.

(……)

우리 두 자매도 법을 무시하고 왕의 명령이나 권력에 맞서다가는

누구보다도 가장 비참하게 죽고 말 거예요.

(……)

내게는 국가에 대항할 힘이 없어요.”

안티고네

“그건 네 핑계야. 하지만 나는 가서

사랑하는 오라버니를 위하여 무덤을 쌓겠어.

(……)

내가 아무리 어려움을 당한다 하더라도,

내게는 역시 고귀한 죽음이 남게 될 거야.”

　안티고네의 오빠 폴리네이케스에 대한 사랑은 소포클레스의 비극『콜로노스의 오이디푸스』를 읽으면 알 수 있다. 아르고스의 군대를 이끌고 조국 테베를 공격하려는 오빠를 안티고네는 오빠의 죽음이 두렵다면서 눈물을 흘리며 만류하는 장면이 그것이다. 오이디푸스의 자식들 중에서 두 딸 안티고네와 이스메네는 장님이 된 아버지를 따르고 사랑하는 효녀이며, 두 아들은 아버지를 비난하고 오직 정복욕에 사로잡힌 인물인 것이다. 안티고네기 오빠 폴리네이케스를 사랑하는 것은 이런 심성에서 연유한다. 또한 한 나라의 법도가 가족의 사랑에 앞설 수 없다는 인륜에 바탕을 둔 저항의식에서 출발하는 것이며, 이것은 신의 섭리라는 것이다. 즉 세상은 인간의 부조리한 명령이 아니라, 신에 의해서 통치되어야 한다는 것이다. 안티고네는 자신의 양심을 거역할 수 없었기 때문에 결국 죽음에 처해졌다. 크레온은 안티고네를 사람의 발길이 닿지 않는 곳의 석실에 산 채로 가두어 놓고 약간의 음식으로 서서히 죽음으로 몰아넣었던 것이다. 신의 처벌이 두려워 일종의 자연사처럼 꾸미려 한 것이다. 그렇지만 안티고네는 그 석실 안에서 목매 자결하고 만다. 안티고네의 약혼자였던 크레온의 아들도 안티고네의 주검 앞에서 칼을 빼 자살했으며, 아들이 죽었다는 소식을 들은 크레온의 아내도 그 충격으로 죽게 된다. 한 남자의 무모함과 잘못된 통치로 인하여 왕가의 파멸이 초래된 것이다. 안티고네는 남성 중심 사회의 폭력에 저항하다 죽음을 맞이한 여인이며, 부당한 국가 권력에 의하여 희생된 존재인 것이다.

12 트로이아 전쟁

- 사랑과 복수

〈파리스와 헬레네의 사랑〉, 다비드, 1788년
캔버스에 유채, 144x180cm
루브르 박물관 소장

트로이아 전쟁의 발단

아르고 호의 영웅 중 한 명이었던 펠레우스는 바다의 여신 테티스와 결혼한다. 미모가 뛰어난 테티스를 제우스가 탐냈지만, 테티스는 아비를 뛰어넘는 아들을 낳을 것이라는 예언 때문에 제우스는 테티스를 포기하고 자신의 손자 펠레우스와 짝이 되도록 한 것이다. 오비디우스의 『변신이야기』를 보면, 펠레우스가 테티스를 자신의 여자로 만드는 과정이 잘 나와 있다. 네레우스의 아름다운 딸 테티스가 물에서 나와 동굴로 들어가 자리에 누웠을 때를 놓치지 않고, 펠레우스는 변신에 능한 테티스의 몸을 밧줄로 묶는다. 테티스는 빠져 나가기 위하여 온갖 것으로 몸을 바꾸어 보았으나, 속지 않고 끝까지 밧줄을 붙잡고 늘어진 펠레우스에게 백기를 들고 본 모습을 보이며 이렇게 말했다.

"신의 도움이 아니고야 그대가 어떻게 날 이길 수 있었으랴."

그제야 펠레우스는 이 여신을 껴안고 사랑을 하여 한 아이가 태어나니 그 아이가 바로 저 위대한 아킬레우스인 것이다. 이렇게 테티스는 펠레우스의 손을 피하려고 애를 썼으나 결국 펠레우스의 집요한 구애로 인하여 몸을 섞고 트로이아 전쟁의 영웅 아킬레우스를 낳게 되는 것인데, 이것은 제우스의 뜻으로 이루어진 결합이다. 펠레우스는 아들 아킬레우스를 케이론에게 맡겨 활쏘기, 말 타기 등의 교육을 받게 한다. 반인반마 켄타우로스에 속하는 케이론은 이아손, 테세우스 그리고 헤라클레스에게도 무술을 가르친 현자이다.

　그러면 트로이아 전쟁의 발단은 무엇인가? 이것을 알기 위해서는 이렇게 짝이 된 펠레우스와 테티스의 결혼식 날 일어난 사건을 이야기해야 한다. 성대한 결혼식에 신들은 모두 초대받았지만 불화의 여신 에리스는 당연히 제외되었다. 이 여신은 가는 곳마다 늘 불화를 일으키기 때문이다. 그런데 에리스가 불청객으로 결혼식에 참석했다가 자리를 뜨면서 '가장 아름다운 여신에게'라는 글귀가 새겨진 황금사과 한 알을 던졌고, 이 때문에 결혼식에 와 있던 헤라, 아테네, 아프로디테가 서로 이 사과의 소유권을 다투게 되었다. 즉 자신이 올림포스에서 가장 아름다운 여신이라고 주장하는 것이다. 에리스는 밤의 여신 닉스의 딸이다. 밤은 늘 파멸을 가져다주는 것으로, 그 자식들은 불화의 여신 에리스뿐 아니라, 모두 부정적인 요소들을 지닌 신들이다. 예컨대 죽음의 신 타나토스, 잠의 신 히프노스, 운명의 여신 모라이 세 자매 등이 다 닉스의 자손들이다. 이 여신이 펠레우스와 테티스의 결혼식에 나타난 것은 두 사람의 앞날에 불행과 파멸이 드리우고 있다는 전조인 것이다.

　트로이아에는 왕자 파리스가 있었다. 파리스는 트로이아의 왕 프리아모스와 왕비 헤카베의 아들인데, 헤카베가 파리스를 낳을 즈음, 그녀는 무서운 꿈을 꾸게 된다. 꿈에서 왕비가 갓난아이를 보려고 몸을 숙이자, 아이는 타오르는 횃불로 변했고, 거기서 수많은 불뱀들이 튀어나왔다. 이 불뱀들로 인하여 궁전에 온통 불이 붙더니, 결국 트로이아 전체가 불바다가 되는 꿈이었다. 파리스가 태어나자, 이 꿈이 어떤 불길한 전조라고 생각한 왕과 왕비는 파리스를 험준한 산에 갔다 버렸다. 갓난아이를 산에 갔다 버린 신화의 테마는 오이디푸스의 경우에도 나오고, 또 페르세우스처럼 바다에 띄워 버려지기

〈파리스의 심판〉, 루벤스, 1625년경
캔버스에 유채, 139x174cm
런던 내셔널 갤러리 소장

도 하는데, 이런 경우 버려진 그 갓난아이는 절대 죽지 않고 영웅으로 성장하게 된다. 여기서도 파리스는 양치기에 의해 키워져서 멋진 청년이 된다. 한편, 황금사과의 소유권을 놓고 오랫동안 다툼을 하던 헤라, 아테네, 아프로디테 여신은 크레테 섬의 이데 산에 있는 양치기 파리스에게 가서 심판을 받자고 합의한다. 즉 이 세 여신이 누구인지 전혀 모르는 양치기에게 객관적으로 누가 가장 미인인지 심판을 받자는 것이다. 물론 이 세 여신은 양치기가 부모에 의하여 산에 버려진 트로이아의 왕 프리아모스의 아들인지 알고 있었다. 세 여신은 각자 파리스에게 자신이 그리스의 최고 미인이라고 주장하는데, 파리스가 아프로디테를 최고의 미인으로 선정하면서 황금 사과를 주는 것은 아프로디테가 파리스에게 만약 자기에게 그 황금 사과를 던져 주면 자기만큼 아름다운 아내와 짝을 지어 주겠노라고 약속했기 때문이다. 이 약속으로 인하여 그리스 최고의 미인 여신으로 판정받은 아프로디테는 자신이 한 약속을 지키기 위하여 인간 세상에서 가장 아름다운 여자 헬레네를 짝지어 주는데, 이 때문에 트로이아 전쟁이 터지고, 파리스의 조국 트로이아는 불바다가 되는 것이다.

그렇다면 헬레네는 누구인가? 제우스는 아름다운 여인에게 접근할 때는 자신의 모습을 드러내지 않고 변신하여 다가가 사랑을 성취한다. 이제 제우스는 스파르테의 왕 틴다레오스의 부인 레다의 미모에 빠져 백조로 변신하여 그녀에게 접근한다. 백조로 변신한 제우스와 사랑을 한 유부녀 레다는 두 개의 알을 낳게 되는데, 여기서 아들 둘, 딸 둘이 태어난다. 그 딸들이 바로 헬레네와 클리타임네스트라인 것이다. 헬레네는 그리스 최고의 미인으로 정평이 나 있는데 많은 그리스 영웅들이 구혼하지만 결국 미케네의 왕자로 후에 스파르테의 왕이 되는 메넬라오스의 아내가 되고, 그녀의 언니 클리타임네스트라는 메넬라오스의 형이자 뮈케나이의 왕인 아가멤논의 왕비가 된다. 클리타임네스트라는 아가멤논 사이에 두 딸, 이피게네이아와 엘렉트라 그리고 아들 오레스테스를 두게 된다. 이들은 트로이아 전쟁 직후 벌어지는 아가멤논 집안의 비극에서 나오는 인물들이다.

아프로디테의 뜻에 따라 파리스는 스파르테의 왕 메넬라오스의 부인 헬레네를 유혹하여 트로이아로 데리고 온다. 아이스킬로스의 비극 『아가멤논』을 보면, 헬레네를 납치함으로써 트로이아 전쟁을 유발시키어 결국 자신의 조국 트로이아를 쑥대밭으로 만든 파리스와 그런 파리스를 따라 나선 헬레네에 대하여 이렇게 기술하고 있다.

"보라, 한 소년이 나는 새를 쫓다가
자기 백성들에게 참을 수 없는 고통을 안겨 주었다네.
(……)
파리스가 바로 그러한 자였으니
그는 아트레우스의 아들들의 집에 들어가
아내를 도둑질함으로써
환대하는 식탁을 모독했음이라."

"아아 그녀, 동족에게는 방패와 창을 든 전사들의
요란한 소음과 뱃사람들의 무장을 남겨 놓고
일리온을 위해서는 파멸이라는 지참금을 지니고
발걸음도 가벼이 대문을 빠져 나갔으니
차마 못할 짓을 했구나."

아가멤논과 트로이아 전쟁

메넬라오스의 아내 헬레네가 파리스에 의하여 트로이아로 납치되어 가자, 그에 대한 보복으로 그리스는 메넬라오스의 형 아가멤논을 총사령관으로 하여 대 함대를 구성한다. 엄청난 수의 그리스 함대는 아울리스 항에 집결한 후, 출항을 위하여 서풍이 불어주기만을 기다리고 있었다. 그런데 역풍이 불어 배가 떠날 수 없어 장기간 대기하고 있던 중 전염병까지 돌아서 군사들의 사기는 말이 아니었다. 초조해진 아가멤논이 점쟁이 칼카스를 불러 왜 그런지 점을 쳐 알아보라고 했다. 제우스의 상징이지만, 여기서는 그리스 장수들을 말하고 있는 독수리들이 새끼를 갖고 있던 어미 토끼들을 찢어 죽인데 대하여 아르테미스 여신이 분노하였기 때문이라는 점괘가 나왔다. 아르테미스 여신을 달래기 위해서는 신전에 처녀의 피를 제물로 바쳐야 하는데, 아가멤논은 자신의 딸 이피게네이아를 이 처녀의 여신 아르테미스에게 바치기로 결심한다. 여기서 아가멤논의 외침을 직접 보겠다.

"복종치 않는다는 것은 진정 괴로운 일이오.

하지만 집안의 낙인 자식을 죽임으로써

제단 옆에서 이 아비의 손을

딸의 피로 더럽힌다면

이 또한 괴로운 일이오.

그 어느 것인들 불행이 아니겠소?

하나 어찌 동맹의 서약을 저버리고

함대를 이탈할 수 있단 말이오?

처녀의 피를 제물로 바치기를 그토록 열렬히 바라는 것도

바람을 잠재우기 위함이니

부당하다고는 할 수 없을 것이오.

나는 그저 만사가 잘되기를 바라는 마음뿐이오."

아가멤논은 향후 그리스 영웅이 되는 멋진 청년 아킬레우스와 결혼시키려 한다는 거짓말로 고향에 있던 딸 이피게네이아를 부른다. 결혼이 아니라, 죽음의 제단에 바치기 위한 것인데, 너무도 참혹한 거짓말이 아닐 수 없다. 이 역시 전쟁을 중심으로 한 남성 사회의 폭력을 말해주는 것인데, 트로이아 전쟁에서 돌아온 아가멤논이 살해되는 주요 원인이기도 한다. 아버지의 달콤한 거짓에 속아, 어머니 클리타임네스트라의 손을 잡고 꿈에 부풀어 아버지한테 왔던 이피게네이아는 결혼은커녕 자신이 제단의 희생물로 바쳐짐을 알았을 때 느끼는 절망과 두려움은 이루 형언할 수 없었을 것이다. 아이스킬로스의 비극 『아가멤논』에서 이 처참한 장면이 이렇게 기술되어 있다.

"그녀의 기도에도, "아버지!"라고 부르짖는 그녀의 절규에도

그녀의 순결한 청춘에도

호전적인 지휘관들은 아랑곳하지 않았다.

그리고 그녀의 아버지는 기도를 올린 뒤

시종들에게, 자기 딸이 졸도하거든

그녀가 입고 있던 겉옷으로 사정없이 휘감아

새끼 양처럼 그녀를 제단 위에 올려놓되

가문에 대하여 저주의 소리를 지르지 못하도록

그녀의 아름다운 입을 틀어막으라고 명령했다.”

이피게네이아는 아버지가 주최한 연회에 여러 차례 참가한 적이 있기 때문에 자신을
제물로 바치려는 장수들을 익히 잘 알고 있었다. 그들의 이름을 부르며 말을 건네고자
하였으나 아무 소용없는 일이 없었다. 여기서 다시 아이스킬로스의 극을 읽어 보겠다.

“자신을 제물로 바치려는 자들에게

일일이 애원의 화살을 눈에서 쏘아 보내니

그림에서처럼 돋보이는 그녀,

그들의 이름을 부르며 말을 건네고 싶었음이라.

그럴 것이 남자들을 위하여 풍성한 잔치를 베풀곤 하던

아버지의 연회실에서 그녀가 노래 부른 것이 그 몇 번이었으며

아버지의 축복받은 찬신가를

처녀의 청순한 목소리로 축하해 드린 것이 그 몇 번이었던가!”

이 가련한 여인 이피게네이아를 불쌍히 여긴 아르테미스는 그녀가 신전에서 제물로

바쳐지려는 순간, 하늘에서 암사슴 한 마리를 갖고 내려와 제물로 사슴을 놓고 그녀를 하늘로 데리고 올라간다. 청순한 여인 이피게네이아를 구원한 아르테미스는 그녀를 타우리스 섬에 있는 자신의 신전으로 데리고 가서 여 사제로 삼는다. 아르테미스 여신은 노여움을 풀고 아울리스 항에 순풍을 불게 해 주어 아가멤논의 함대는 트로이아로 떠날 수 있었으며, 이후 그리스가 승리할 때까지 10년간의 전쟁이 이어진다.

트로이아 전쟁의 전개와 결말

트로이아의 성은 매우 견고했다. 9년 동안 성 외곽에서 그리스 함대가 공격을 수없이 가했지만 트로이아는 무너지지 않았다. 트로이아와 일진일퇴 공방을 벌일 때 아킬레우스는 많은 공을 세우게 된다. 그런데 아가멤논이 트로이아 주변국을 제압하면서 데리고 온 여자 인질들 중에 아폴론 신전의 사제인 크리세스의 딸 크리세이스가 있었다. 크리세스는 아가멤논을 찾아와서 딸을 돌려줄 것을 간청했지만 아가멤논은 거부하였다. 그러자 크리세스는 아폴론 신전에 가서 그리스군대를 혼내달라고 아폴론 신에게 기도한다. 이 기도에 따라 아폴론은 그리스 진영에 역질을 돌게 함으로써 그리스군대는 사기가 크게 떨어졌다. 이에 대한 대책 회의를 할 때, 아킬레우스는 아가멤논에게 크리세이스를 그녀의 아버지에게 돌려주지 않아 이렇게 되었다고 화를 내며 아가멤논을 비난한다. 트로이아 전쟁을 상세히 기록한 호메로스의 『일리아스』는 바로 이 부분에서부터 시작된다.

아가멤논과 아킬레우스의 불화로 인하여, 아킬레우스가 전투에서 발을 빼자 그리스군은 번번이 싸움에 지게 된다. 아가멤논이 아킬레우스의 참전을 부탁하였으나 아킬레우스는 자신의 함선에서 나오지 않았다. 이에 아가멤논은 아킬레우스의 죽마고우 파트로클로스에게 아킬레우스의 갑옷을 입히어 전투에 내 보낸다. 트로이아 군들은 그가 아킬레우스인줄 알고 겁을 먹고 후퇴하는데, 그들을 쫓아 너무 적진 깊숙이 들어간 파트로클로스는 트로이아의 장수 헥토르에 의하여 살해된다. 절친한 친구의 죽음을 전해들은 아킬레우스는 모든 것을 잊고 친구의 죽음을 복수하기 위하여 다시 전쟁에 참가한다. 그리고 헥토르와 단둘이 맞서 싸워 그를 죽이게 된다. 트로이아의 왕 프리아모스의 아들이며 파리스와 형제지간인 용맹한 장수 헥토르가 아킬레우스에게 죽임을 당하는 것으로 호메로스의 『일리아스』는 끝을 맺는다. 이후의 전쟁 상황은 호메로스의 『오디세이아』에 나온다. 프리아모스의 딸에게 반한 아킬레우스는 그녀에게 청혼하기 위하여 비무장 상태로 아폴론 신전으로 들어가다가 매복해 있던 파리스의 화살에 발뒤꿈치를 맞고 절명한다. 아킬레우스는 갓난 아이 시절 어머니 테티스가 그의 발뒤꿈치를 잡고 스틱스 강에 몸을 적시게 함으로써 어떤 무기로부터도 그의 몸은 보호될 수 있었으나, 어머니의 손이 닿았던 발뒤꿈치는 물이 묻지 않았기에 발뒤꿈치에 맞은 화살은 치명적이었던 것이다. 우리가 어떤 사람의 큰 약점을 '아킬레스건'이라고 부르는 것은 바로 이 신화 이야기로부터 유래한다. 아무튼, 그렇게 용맹하고 무적의 전투력을 갖춘 장수 아킬레우스가 한 여자로 인하여 방심한 끝에 죽임을 당하는 것은 아이로니컬한 이야기이며, 이 또한 신화의 교훈이 아닐 수 없다. 아킬레우스를 죽인 파리스는 헤라클레스의 화살을 지니고 있던 필록테테스에 의하여 죽임을 당하게 된다.

이렇게 아킬네우스가 살해당했지만, 그리스군은 결국 '트로이아의 목마'를 통하여 승리를 거두게 되는데 그것은 아가멤논의 함대가 아울리스 항을 떠난 지 10년만의 일이다. 마치 그리스군이 퇴각한 것처럼 꾸미고 목마만 만들어 성 외곽에 놓았는데, 실은 목마 속에 그리스 정예군들이 들어 있었다. 그 사실을 몰랐던 트로이아 군이 목마를 성안으로 들여놓고 승리의 잔치를 벌인 후 모두 잠이 들자, 커다란 목마 속에서 그리스군들이 뛰어나와 우선 성문을 활짝 열어 퇴각한 듯 물러나 있다가 야밤을 이용해 성 주변으로 접근해 있던 그리스 병사들을 들어오게 함으로써, 결국 트로이아 성을 함락시킨 것이다. 그러나 이 트로이아의 전쟁을 통하여 아킬레우스, 헥토르, 파리스 등 그리스 및 트로이아의 영웅들이 모두 전사하고 아가멤논까지 피살됨으로써 사실상 그리스 신화는 여기서 끝을 맺게 된다.

아가멤논 가문의 비극적 사건들

전쟁에서 승리한 총사령관 아가멤논은 그리스로 10년 만에 돌아온다. 아가멤논은 돌아온 바로 그날 밤 피곤하여 욕조에서 몸을 씻을 때, 그의 아내 클리타임네스트라와 불륜의 관계였던 그녀의 정부 아이기스토스에 의하여 피살된다. 그렇다면 남편이 전장에 나간 10년간 불륜을 저질렀고 급기야 그 남자를 시켜서 목욕하는 남편을 급습하여 살해하도록 만든 클리타임네스트라는 독부인가? 그럴지도 모른다. 그렇지만 왜 그녀가 남편을 죽였는가 하는 이유를 다른 각도에서 볼 필요가 있다. 아이스킬로스의 『아가멤논』을 보면, 클리타임네스트라가 남편 아가멤논을 왜 살해했는지 분명히 밝히고 있다.

"그는 내가 그에게서 잉태했던 나의 자식을,
두고두고 눈물을 흘리게 했던 이피세네이아를
남들이 보는 앞에서 공공연히 죽였으니까.
그는 자기 행동에 대해 응분의 벌을 받은 것이오."

또 에우리피데스의 『엘렉트라』를 보면, 왜 아버지 아가멤논을 죽였느냐는 엘렉트라의 분노에 찬 외침에 클리타임네스트라는 이렇게 소리치고 있다.

"그런데 그는 내 자식을 죽이고도

자신은 죽지 않아도 되고, 나는 그에게 당해야 한단 말이냐?

그래서 나는 그를 죽였고, 그러고 나서 내가 갈 수 있는 유일한

길, 그의 적들에게로 향하는 길로 나아갔던 것이다.

(……)

자, 어디 할 말이 있으면 해보아라.

어째서 네 아비의 죽음이 부당한지 거리낌 없이 대답해 보아라!"

출항하기 전에 딸 이피게네이아를 아킬레우스와 결혼시키자고 속여서 아울리스 항으로 이피게네이아를 데리고 오도록 했으며 자신이 그렇게 애원했건만 딸을 제물로 바쳤던 남편 아가멤논에 대한 처절한 보복인 것이다. 또한 아가멤논은 혼자 귀향한 것이 아니라, 트로이아의 공주 카산드라를 첩으로 삼기 위하여 데리고 왔던 것이다. 물론 카산드라도 아가멤논과 함께 피살된다. 이렇게 볼 때 클리타임네스트라 역시 남성 중심 사회의 피해자였고 그에 대한 반항으로 이런 엄청난 비극을 저질렀다고 볼 수 있다.

또한 아이기스토스가 아가멤논을 죽이는 것은 두 집안의 악연 때문이다. 탄탈로스의 아들인 펠롭스에게는 두 아들 아트레우스와 티에스테스가 있다. 아가멤논은 아트레우스의 아들이고, 아가멤논을 살해한 아이기스토스는 티에스테스의 아들이다. 즉, 이들은 사촌지간인 것이다. 이 사촌형제들이 서로 원수지간이 되는 경위는 이렇다. 아트레우스가 뮈케나이의 왕이 되었을 때, 그는 자신의 아내 아에로페를 유혹하여 간통한 동생 티에스테스를 국외로 추방한다. 나중에 아트레우스는 서로 화해하자며 티에스테스를 다시 불러놓고는 티에스테스의 두 아들을 죽여 그 고기로 음식을 장만하여 잔치를 벌이는

끔찍한 일을 저지른다. 나중에 내막을 알게 된 티에스테스는 겁에 질려서 달아나며 아트레우스의 가문을 저주한다. 티에스테스는 친딸 펠로페이아와 관계하여 낳은 아들이 원수를 갚아줄 것이라는 신탁에 따라, 딸의 방으로 몰래 들어가 동침하여 아들 아이기스토스를 낳았다. 성인이 된 아이기스토스는 결국 아가멤논이 전쟁터에 나가 있는 동안 그의 아내 클리타임네스트라를 유혹하여 정부로 삼고, 트로이아 전쟁에서 승리하여 돌아온 아가멤논을 귀향하던 그날 밤 바로 살해한 것이다. 아버지와 형제들에 대하여 복수를 한 것이다. 아이기스토스는 아가멤논의 시체 앞에서 이렇게 말한다.

"이 자는 불쌍하신 나의 아버님과 함께 열세 번째 아들인
나를 추방했던 것이오. 그때 나는 아직도 강보에 싸인 어린애였소."

집안일에 의한 보복이라는 것이다. 아가멤논을 죽인 아이기스토스는 아가멤논의 아들 오레스테스까지 죽이려 했으나 아가멤논의 노복이 그를 몰래 빼돌려 포키스 땅으로 데리고 갔다. 아가멤논의 딸 엘렉트라도 겨우 죽음을 모면한 채, 사랑하는 아버지의 복수를 갚을 때만 기다리며 어느 농부의 아내로 살고 있었다. 에우리피데스의 비극 『엘렉트라』에서 그녀의 한탄을 보겠다.

"오오 아버지, 오오 아가멤논,
아버지께서는 당신의 아내와
아이기스토스에게 살해되어 지하에 누워계십니다.
(……)

아버지, 지하에 계신 아버지께

나는 날마다 읊는

비탄의 노래를 부르나이다."

아가멤논의 아들 오레스테스는 아버지 아가멤논이 피살된 지 8년째 되던 해 돌아와 이렇게 아버지의 죽음을 슬퍼하는 누이 엘렉트라를 만나게 된다. 엘렉트라와 오레스테스가 만나는 장면은 에우리피데스의 비극 『엘렉트라』와 소포클레스의 비극 『엘렉트라』에 극적인 반전을 띠면서 잘 드러나 있다. 아버지를 잃고 불행한 삶을 꾸려가던 두 남매가 만나는 장면은 비극의 절정을 이루며, 오레스테스가 어머니와 그녀의 정부 아이기스토스를 살해하는 대단원으로 막을 내리고 있다. 오레스테스가 아이기스토스를 죽이는 장면을 보자. 엘렉트라는 남동생 오레스테스에게 아버지를 죽인 어머니의 정부 아이기스토스를 죽이라고 단호하게 명령한다.

"그렇다면 내 너에게 엄숙히 선언해 두겠다. 아이기스토스는

죽어야 한다고. 만약 네가 싸움에 져서 죽어 넘어진다면

나도 죽은 목숨이니 더 이상 나를 살아 있다고 말하지 마라.

나도 쌍 칼날로 내 가슴을 찌를 것이다."

오레스테스는 지나가는 나그네로 변장하여 아이기스토스 진영으로 들어가 함께 소를 제물로 바치는 의식에 참가한다. 그는 칼로 소를 죽이고 소의 가슴통을 열기 위해서는 더 큰 칼이 필요하다고 하며 큰 칼을 받아 소의 가슴통 대신 옆에 있던 아이기스토스의 목

덜미를 기습적으로 내려친다. 아가멤논의 살해자 아이기스토스는 아가멤논의 아들 오레스테스에 의하여 이렇게 처참하게 죽임을 당하는 것이다. 이제 어머니를 죽여야 하는 오레스테스는 깊은 갈등에 빠진다. 그렇지만 누이 엘렉트라는 동생에게 이렇게 말한다.

"너는 비겁자가 되지 말고 사내대장부임을 보여 다오!"

　오레스테스는 갈등 끝에 어머니를 죽이기로 결심한다. 아들을 붙잡고 살려달라는 어머니의 애원에 오레스테스는 차마 어머니를 쳐다보며 죽일 수 없어 겉옷으로 스스로 두 눈을 가리고 클리타임네스트라의 목을 찌른다. 트로이아 전쟁의 승리자, 그리스 총사령관 아가멤논의 피살과 그의 자식들에 의한 피비린내 나는 복수극은 이렇게 완성되는 것이다.

　클리타임네스트라는 아가멤논의 아내가 되기 전에 다른 사람의 아내로 갓난아기까지 두고 있었다. 그러나 그녀를 보고 첫눈에 반한 아가멤논이 남편과 갓난아기를 무참하게 살해하고 클리타임네스트라를 자신의 여자로 만들었던 것이다. 아가멤논의 아내가 된 이후, 충실히 살아가던 그녀는 아가멤논에 의하여 자신의 딸 이피게네이아가 제단에서 사라지는 모습을 보아야 했다. 트로이아의 왕자 파리스를 따라간 스파르테의 왕비 헬레네를 다시 그리스로 데리고 와야 한다는 전쟁의 명분이 자신의 딸의 죽음보다도 더 소중한 것인지 클리타임네스트라는 남편 아가멤논을 이해할 수 없었다. 이렇게 아가멤논에 의하여 아무 잘못도 없이 그녀는 두 번이나 자식을 잃은 것이다. 결국 그녀는 남성의 폭력성에 의하여 희생된 자이며, 가련하게도 친아들에 의하여 피살당하는 불행한 운명의 여인이 된 것이다. 그런 면에서 동생을 사주하여 어머니를 살해하도록 한 엘렉트라도 남성주의의 최대 피해자라고 볼 수 있을 것이다. 아버지가 살해되는 장면을 목격한 엘렉트라의 심리적 충격을 우리는 생각해야 할 것이다. 현대에 와서도 끊임없이 재해석되어 새로운 작품으로 다시 태어나고 있는 비운의 여인 엘렉트라는 비극적 인물의 전형이라고 말할 수 있을 것이다.

13 아프로디테의 사랑과 로마인의 조상 아이네이아스

〈아이네이아스를 위하여 헤파이스토스에게 무기를 요청하는 아프로디테〉, 프랑수아 부셰, 1732년
캔버스에 유채, 252x175cm
루브르 박물관 소장

아프로디테와 올림포스 신들과의 사랑

아 프로디테가 종종 '키프리스'로 불리는 것은 그녀가 태어난 키프로스의 여신이라는 뜻인데, 헤시오도스는 이 아프로디테가 우라노스의 잘려나간 남근에서 태어났기 때문에, 그녀를 '남근을 좋아하는 여신'이라고 불렀다. 이렇게 아프로디테는 육체적 사랑에 대한 근본적인 욕망을 안고 태어난 여신이다. 키프로스 섬에서 올림포스 산으로 온 아프로디테를 보자, 아프로디테의 눈부신 아름다움에 반한 올림포스 신들이 아프로디테를 차지하려고 다투었다. 포세이돈, 아폴론, 아레스 그리고 헤르메스 신들이 사랑과 아름다움의 화신 아프로디테를 유혹하려고 나섰던 것이다. 이렇게 올림포스의 으뜸 신들끼리 싸우는 것을 보고 있던 제우스는 정식 결혼의 수호 여신인 헤라와 상의한 끝에, 대장장이 신 헤파이스토스와 아프로디테를 결혼시키기로 한다. 헤파이스토스는 손기술이 좋아 무엇이든 만들어내지만, 외모는 보잘것없었다. 제우스가 아프로디테의 짝으로 헤파이스토스를 선택한 것은 아프로디테를 차지하려고 서로 다투던 신들 중에서 누구 편도 들을 수 없었기 때문이다. 헤파이스토스는 언젠가 제우스의 발길질로 올림포스 산에서 렘노스 섬으로 떨어진 적이 있기 때문에, 얼굴이 일그러졌고 다리도 저는 절름발이 신세로 혼자 살아가고 있었다. 이런 추남이 세상에서 가장 아름다운 여신의 짝이 된 것이다.

헤파이스토스와 결혼한 아프로디테가 남편에게만 만족할 리 없었다. 아프로디테의 첫 번째 연인은 아레스였다. 아레스는 용감하고 잘생긴 전쟁의 신이다. 헤파이스토스와는 비교될 수 없을 정도로 멋진 남성적인 신인 것이다. 아프로디테는 남편 몰래 이런 아레스와 정사를 즐겼다. 아레스를 먼저 유혹한 것은 아프로디테였다. 두 사람의 밀회가 화가들에게 좋은 소재가 되었던지, 아레스와 아프로디테에 관한 그림과 조각이 많이 있다. 아프로디테는 제우스의 전령 신 헤르메스와도 사랑을 나누었다. 그런데 이 둘 사이에서 태어난 아들 헤르마프로디토스는 나이 열다섯 되던 해, 물의 요정 살마키스의 길고 뜨거운 포옹을 받고는 이 요정과 하나의 몸이 되어 결국 양성인이 되어버린다. 양성인이란 여성도 아니고 남성도 아닌 두 가지 성 모두 갖고 있는 존재를 말한다. 루브르 박물관에 있는 조각품을 보면, 헤르마프로디토스의 가슴은 여성의 젖가슴이지만, 허리 아래의 두 다리 사이에는 남성의 성기를 갖고 있다. 아프로디테는 포도주의 신 디오니소스와도 결합하여 아들 프리아포스를 낳는다. 우리가 알고 있는 연꽃 로투스는 요정 로티스가 변신하여 된 꽃인데, 로티스가 강제로 자신을 사랑하려는 아프로디테의 아들 프리아포스의 손길을 피해 도망가다가 호수로 뛰어들어 연꽃으로 된 것이다. 프리아포스의 성기는 괴기하게 컸는데, 아프로디테와 헤르메스의 사이에 생긴 아들 헤르마프로디토스가 양성인이 된 것과 함께, 아프로디테가 남편 헤파이스토스가 아닌 다른 신들과 사랑하여 낳은 존재들은 성적으로 매우 특이한 존재라는 것을 알 수 있다. 이것은 아마도 아프로디테의 문란한 성생활의 특징을 말해주는 것이 아닌가 생각된다.

아프로디테는 몰약 나무에서 태어난 미남 청년 아도니스와 틈만 나면 밀회를 즐겼다. 그러나 아도니스는 이를 질투한 아프로디테의 연인 아레스에 의하여 죽임을 당한다. 사냥하는 것을 좋아했던 아도니스는 멧돼지로 변한 아레스에 의하여 송곳니로 옆구리를 받혀 찔려 죽게 되는 것이다. 사냥에 능한 젊은 아도니스도 전쟁의 신 아레스가 변신한

〈아도니스의 죽음을 애도하는 아프로디테와 에로스〉, 코르넬리스 홀스타인, 1655년경
캔버스에 유채, 99x206cm
하를렘 프란스 할스 미술관 소장

성난 멧돼지의 공격을 당해내지 못하고 죽은 것이다. 아프로디테가 아도니스의 죽음을 애도하면서 그가 흘린 피 위에 신이 마시는 음료 넥타르를 뿌리자 꽃이 피어났는데, 이 꽃은 산들바람에도 꽃잎이 이내 흔들리며 떨어지고 마는 바람꽃, '아네모네'인 것이다. 그리스인들은 이 꽃을 '아도니스'라고 한다. 그리스 신화에서 전쟁의 신 아레스는 똑같은 전쟁의 여신 아테네와는 달리 계획도 절제도 없이 맹목적으로 불화와 유혈과 살육을 조장해 놓고 이를 즐기는 부정적 이미지를 지닌 신이다. 헤파이스토스의 아내인 아프로디테와 밀애를 즐기더니 급기야 아도니스를 살해한 것이다. 그러나 이 아레스가 로마신화에서는 근엄한 군신 마르스로 성격이 변화되어 있다. 아프로디테와 아도니스가 사랑하는 장면 그리고 사냥터에서 죽어가는 아도니스와 이를 슬퍼하는 아프로디테의 모습은 여러 화가들의 소재가 되었다.

영웅들의 사랑에 개입하는 아프로디테

그리스 영웅들의 사랑은 단순한 연애 이야기로 끝나는 것이 아니라, 신화의 중요한 사건의 발단 혹은 해결의 실마리가 되고 있다. 이 영웅들의 사랑에는 늘 아프로디테가 개입한다. 먼저 이아손과 메데이아의 사랑을 보도록 하자. 이아손은 자신을 사랑하는 메데이아의 도움으로 황금양피를 찾을 수 있었는데, 어떻게 하여 메데이아가 한눈에 반하여 이아손을 사랑하게 되었을까? 헤라 여신은 황금양피를 찾기 위하여 콜키스에 온 이아손을 돕기 위하여 아테네 여신과 상의하다가 이런 방책을 생각해 낸다.

"자, 우리 지금 아프로디테에게 갑시다! 그녀를 만나 아들 에로스에게, 그가 어머니의 말을 잘 듣는다면, 약초를 잘 다룰 줄 아는 아이에테스의 딸에게 화살을 쏘아 이아손과 사랑에 빠지게 해달라고 합시다. 그러면 그는 메데이아의 도움으로 황금양피를 그리스로 가져갈 수 있을 것입니다."

물론 헤라 여신의 부탁을 아프로디테가 거절할 수 없는 일이라, 아프로디테는 아들 에로스에게 명령하여 화살을 쏘아 메데이아가 이아손과 사랑에 빠질 수 있도록 한다. 에로스의 화살을 맞으면 누구도 사랑의 열병에 걸려 헤어날 수 없는 것이다. 에로스의 화살을 맞은 메데이아가 이아손을 보자 느끼는 사랑의 열망을 아폴로니오스가 이렇게 기술하고 있다.

"화살은 그녀의 가슴 속에서 불꽃처럼 타올랐다. 그녀는 계속해서 아이손의 아들에게 불타오르는 시선을 던졌다. 그녀는 정신이 혼미해져 깊은 생각을 할 수 없었다. 도무지 아무런 생각이 떠오르지 않았다. 심장이 달콤한 고통으로 아려왔다."

결국 아프로디테의 명에 따라 에로스가 쏜 화살을 맞고 사랑에 도취한 메데이아는 아버지와 조국을 배신하고 이아손을 도와주었던 것이다. 아프로디테에 의하여 맺어진 사랑이 신화의 큰 흐름에서 결정적인 역할을 하고 있음을 알 수 있다.

테세우스가 미노타우로스를 죽이기 위하여 크레테의 왕 미노스가 만든 미궁 속으로 들어가려고 했을 때, 테세우스에게 반하여 실타래를 주어 미궁에서 쉽게 빠져나올 수 있도록 만든 것은 미노스의 딸 아리아드네였다. 아리아드네 역시 메데이아처럼 아버지와 조국을 등지고 테세우스와 함께 그리스로 떠나는데, 이 두 사람의 사랑에도 역시 아프로디테가 개입한 것이었다. 또한 낙소스 섬에서 테세우스가 아리아드네를 홀로 남기고 떠나버리자, 아리아드네를 불쌍히 여긴 아프로디테가 디오니소스와 그녀를 만나게 해준 것이다.

크레테의 왕 미노스는 아리아드네와 함께 파이드라라는 딸도 있었다. 파이드라는 나중에 테세우스의 후처로 들어가는데, 테세우스가 안티오페 사이에서 낳은 아들 히폴리토스에게 강렬한 사랑의 감정을 느낀다. 아프로디테의 명에 따라 에로스가 쏜 화살을 맞고 파이드라는 의붓 아들 히폴리토스와 이룰 수 없는 사랑의 고통에 빠지는 것이다. 아르테미스만을 경배하며 아프로디테를 숭배하지 않는 히폴리토스를 죽음에 이르게 하는 방법으로 계모 파이드라에게 이복아들을 사랑하는 불순한 감정을 불러일으킨 것이다. 히폴리토스는 어머니를 사랑한다는 누명을 뒤집어쓰고 아버지 테세우스에게 죽임을 당함으로써, 아프로디테의 의도대로 모든 것이 이루어진다. 이 이야기는 에우리피데스의 비극 『히폴리토스』에 상세히 나와 있다.

파리스의 심판에 따라 황금사과를 받아든 아프로디테가, 파리스에게 한 약속을 지키기 위하여, 스파르테의 왕비 헬레네가 파리스의 유혹에 빠져 조국을 버리고 트로이아로 도망치도록 만들었다. 이것은 단순한 사랑의 납치 사건이 아니라, 그리스 영웅들을 모두 죽게 만들고 결국 그리스 신화시대를 종국으로 이끈 트로이아 전쟁의 발단이 된 것이다. 이렇게 그리스 영웅들의 사랑에 개입한 아프로디테는 신화 자체를 이끌었다고 해도 과언이 아니며, 델포이의 아폴론 신탁과 함께 신화 담론의 주요 동력인 것이다. 결국 신화가 사랑을 떠나서 존립할 수 없음을 말해주고 있다.

로마인의 조상 아이네이아스와
그리스 신화의 종결

아프로디테는 트로이아의 왕 트로스의 직계 자손인 안키세스에게 애욕을 품고 그와 교합하여 아이네이아스를 낳게 된다. 호메로스의 『일리아스』를 보면, 아이네이아스는 아프로디테의 아들로 나타나 있으며, 그는 트로이아 전쟁의 주요 인물 중 하나로 등장한다. 아킬레우스가 죽지 않으려면 자신과 전투할 생각을 하지 말라고 충고하자, 아이네이아스는 이렇게 대답한다.

"펠레우스의 아들이여, 나를 어린아이처럼

말로 겁줄 수 있다고 생각지 말라.

(……) 나로 말하면 고매한 안키세스의 아들로

태어났음을 자랑으로 여기며, 내 어머니는 아프로디테다.

(……) 이러한 가문과 혈통에서 태어났음을 자랑으로 여긴다.

(……) 그대는 전의에 넘치는 나를 청동으로 맞서 싸우기 전에는

말만 가지고 싸움터에서 돌아서게 하지는 못하리라.

그러니 어서 청동 창으로 서로 상대방을 시험해 보도록 하자."

이처럼 아킬레우스에게 자신의 혈통을 밝히며 당당히 싸우겠다고 나서지만, 아이네

이아스는 용맹스런 아킬레우스의 적수가 될 수 없었다. 그는 아킬레우스와 몇 번의 치열한 교합 이후, 아킬레우스의 칼로 목숨이 빼앗기기 직전에 이르게 되었다. 이때 나선 이는 바로 포세이돈이었다. 포세이돈이 아킬레우스의 눈앞에 안개를 쏟아 시선을 흐리게 한 다음 아이네이아스를 구해주고 이렇게 말한다.

"아이네이아스여, 어떤 신이 그대더러 이렇게 정신 나간 사람처럼
용맹무쌍한 펠레우스의 아들과 맞서 싸우라고 하던가?
그는 그대보다 더 강하고 불사신들의 사랑도 더 받고 있다.
그러니 그대가 운명을 거슬러 하데스의 집으로 들어가지 않도록
그와 마주칠 때마다 뒤로 물러서도록 하라.
하나 아킬레우스가 죽음의 운명을 맞은 뒤에는
그때는 안심하고 선두대열에서 싸우도록 하라.
아카이아인들 중에 다른 자는 아무도 그대를 죽이지 못할 테니까."

포세이돈의 이 말은 아킬레우스의 죽음을 예견하는 것이고, 아킬레우스기 죽고 닌 이후 아카이아인, 다시 말하면 그리스인은 아이네이아스를 살해할 수 없다는 것을 의미하는 것이다. 트로이아의 목마로 인하여 트로이아가 함락되었을 때, 그리스인들은 아버지 안키세스를 업고 도망치는 경건한 아이네이아스를 죽이지 않고 내버려 두었다. 이렇게 하여 아이네이아스는 트로이아 전쟁에서 살아남아 로마인의 조상이 될 수 있었던 것이다. 트로이아 전쟁으로 그리스 신화가 종결되었다는 것은 전에 나왔지만, 아이네이아스로부터 시작되는 피가 로물루스로 이어짐으로써 로마시대가 막을 올리게 되는 것이다.

로마의 선조가 우라노스의 피에서 태어난 아프로디테의 혈통을 이어받았다는 것은 로마 건국의 정당성을 말해주기에 충분한 신화인 것이다. 그리스 신화와 로마 신화는 이렇게 연결되고 있다.

찾아보기

한대균

고려대학교 불문과를 졸업하고 프랑스로 유학을 떠나 프랑스 상징주의 시인 랭보에 대한 연구로 박사학위를 받았다. 이후 청주대학교 교수로 재직하면서 프랑스 시와 한국 시에 대한 연구 및 번역으로 많은 시간을 보내고 있으며, '신화와 사랑의 이해'라는 교양과목에 대한 강의를 진행하고 있다. 서양 문학의 근간을 형성하고 있는 그리스 신화에 대한 관심 속에서 「랭보 시 분석−그리스 신화와 시학」 등 다수의 논문 및 역서를 발표하였다.

그리스 신화에서 사랑을 읽다

초판 1쇄   2011년 6월 20일
초판 2쇄   2015년 4월 02일

지은이   한대균
펴낸이   채종준
기 획   이주은
편집디자인   홍은표
표지디자인   이종현

펴낸곳   한국학술정보(주)
주 소   경기도 파주시 회동길 230 (문발동)
전 화   031) 908-3181(대표)
팩 스   031) 908-3189
홈페이지   http://ebook.kstudy.com
E-mail   출판사업부 publish@kstudy.com
등 록   제일산−115호(2000.6.19)

ISBN   978-89-268-2321-7 03920